와! 거미다

새벽들 아저씨와 떠나는
7일 동안의 거미 관찰 여행

와! 거미다

초판 1쇄 발행일 2014년 12월 5일
초판 2쇄 발행일 2016년 11월 30일

지은이 손윤한
펴낸이 이원중

펴낸곳 지성사 출판등록일 1993년 12월 9일 등록번호 제10-916호
주소 (03408) 서울시 은평구 진흥로1길 4(역촌동 42-13) 2층
전화 (02) 335-5494 팩스 (02) 335-5496
홈페이지 지성사.한국 | www.jisungsa.co.kr 이메일 jisungsa@hanmail.net

ⓒ 손윤한, 2014

ISBN 978-89-7889-292-6 (73470)

잘못된 책은 바꾸어 드립니다. 책값은 뒤표지에 있습니다.

「이 도서의 국립중앙도서관 출판예정도서목록(CIP)은 서지정보유통지원시스템 홈페이지(http://seoji.nl.go.kr)와
자료공동목록시스템(http://www.nl.go.kr/kolisnet)에서 이용하실 수 있습니다. (CIP제어번호:CIP2014033125)」

⚠ **주의 사항**: 책장에 손을 베이지 않게, 책 모서리에 다치지 않게 주의하세요.

새벽들 아저씨와
떠나는
7일 동안의
거미 관찰 여행

와! 거미다

글과 사진 **손윤한**

지성사

일러두기

거미 몸 구조

1. 이 책에는 우리나라에 사는 거미 가운데 182종의 사진을 실었습니다.
2. 맞춤법은 《표준 국어 대사전》을 따랐습니다.
   거미 용어는 붙여쓰기 했습니다.
3. 거미의 이름은 〈한국산 거미의 총목록〉(2015, 한국 거미 연구소)을 따랐습니다. 그동안 정식으로 등록되지 않은 사구늑대거미와 해안늑대거미는 2015년에 정식으로 새로 이름이 등록되어 사구늑대거미(신칭: 새로운 이름), 해안늑대거미(신칭)으로 표기했습니다.
4. 검정가죽거미는 아롱가죽거미의 색채 변이종이라는 연구 결과가 있지만 2015년 발표된 논문에 따라 다른 종으로 실었습니다.
5. 본문에서 이름에 밑줄(～)을 그은 거미는 사진에서 찾아볼 수 있습니다.
6. 어려운 학술 용어는 쉬운 우리말로 썼습니다. (예: 우화→날개돋이, 탈피→허물벗기, 교미→짝짓기, 월동→겨울나기 등)

머리가슴 구조

몸 아랫면 구조

들어가는 글

7일 동안 떠나는 거미 관찰 여행

여러분은 만약 거미를 보면 어떻게 반응하나요? 관심조차 없으니까 그냥 지나쳐 버리나요? 아니면 무서워하거나 꺼림칙해서 싫어하나요? 어쩌면 해로운 생물이라고 죽이는 사람들도 있을지 모르겠네요. "으악, 거미다!" 하고 외친다면 거미를 나쁘게 기억하고 있거나 잘못 알고 있는 사람들일 거예요. 거미가 '무서운 생물, 사람에게 해를 끼치는 생물 또는 엄청난 독을 가진 생물'이라는 정보가 머릿속에 들어 있기 때문에 거미를 보자마자 "으악!" 하고 비명을 지르는 것이지요. 그럼 "와, 거미다!" 하고 반가워하는 사람들은 어떨까요? 그 사람들은 거미에 대해 잘 알고 있거나, 드물지만 거미를 직접 키우는 사람들일 거예요.

강아지나 물고기처럼 거미를 키우는 사람들도 있어요. 로즈 헤어나 인디언 오너멘탈은 열대 지방에서 건너온 '타란툴라'라는 거미예요. 우리나라 거미보다 크고 오래 살기 때문에 반려동물로 인기가 많아

로즈 헤어

인디언 오너멘탈

요. 요즘에는 우리나라 거미를 키우는 사람들이 있다고는 하지만, 아직은 많지 않아요. 아무튼 이런 사람들에게는 거미가 훌륭한 반려동물이랍니다.

제가 여러분과 함께 거미 관찰 여행을 하려는 이유는 한 가지뿐이에요. "으악, 거미다!" 하는 사람들보다는 "와, 거미다!" 하는 사람들이 더 많아졌으면 하는 바람 때문이지요. 조금 더 욕심을 부려서 "야호, 거미다!" 하고 환호성을 지르는 사람들이 생긴다면 더 좋겠지만요.

'거미는 어떤 생물일까?'
'거미는 곤충과 뭐가 다를까?'
'독거미에게 물리면 어떡하지?'
'어디에 가면 거미를 볼 수 있을까?'
'거미를 집에서 키울 수 있을까?'
'거미랑 친해지려면 어떻게 해야 할까?'

이런 질문들이 머릿속에서 꼬리에 꼬리를 물고 일어난다면 저와 함께 거미를 찾으러 7일 동안 여행을 떠나는 게 어떨까요? 우리가 사는 동네만이 아니라 산과 들과 강과 바닷가 어디라도 거미가 살고 있는 곳이면 찾아가려고 해요. 이렇게 여행을 하다 보면 거미에 대한 궁금증이 차츰 풀릴 거예요. 우리나라에서 살고 있는 거미들이 얼마나 많고 다양한지 알게 되면 놀랄지도 몰라요. 어때요, 생각만 해도 신나지 않나요?

자, 그럼 저와 함께 거미 관찰 여행을 떠나 볼까요?

차례

일러두기 04
들어가는 글 06

거미 관찰 여행 첫째 날 ·· 12
거미 찾아 동네 한 바퀴
유령거미과 · 티끌거미과 · 공주거미과 · 꼬마거미과 · 무당거미과 · 늑대거미과

거미 관찰 여행 둘째 날 ·· 44
거미 찾아 너른 들판으로
게거미과 · 새우게거미과 · 깡충거미과 · 스라소니거미과 · 해방거미과

거미 관찰 여행 셋째 날 ·· 63
거미 찾아 늪과 계곡으로
닷거미과 · 정선거미과 · 염낭거미과 · 미투기거미과 · 왕거미과 · 갈거미과 · 잎거미과

거미 관찰 여행 넷째 날 ·· 90
거미 찾아 깊은 숲 속으로
가게거미과 · 굴뚝거미과 · 수리거미과 · 너구리거미과 · 밭고랑거미과
가죽거미과 · 외줄거미과 · 접시거미과 · 땅거미과

거미 관찰 여행 다섯째 날 ·········· 108
거미 찾아 강과 습지로
왕거미과 · 응달거미과

거미 관찰 여행 여섯째 날 ·········· 122
거미 찾아 밤의 세계로
자갈거미과 · 농발거미과

거미 관찰 여행 일곱째 날 ·········· 132
거미 찾아 사구 해안으로
물거미 · 주홍거미과

나가는 글   148
거미 이름으로 찾아보기   149
과에 따라 분류하기   151
참고한 자료   152

새벽들 아저씨

매일 산과 들을 다니면서 곤충과 풀꽃과 거미와 버섯 들을 관찰하며 사진을 찍고 이들의 삶을 기록하는 일을 가장 좋아해요. 그래서 용인시 부아산 자락에 있는 다래울이라는 작은 마을에 1인 생태연구소 〈흐름〉을 마련했어요. 직접 곤충과 거미를 데려다 키우기도 하고 아이들과 함께 산과 들로 생태 관찰을 하러 다니지요. 우리 동네에 이사를 온 영서에게 거미 친구들을 소개하게 되어서 마음이 들뜨고 은근히 신이 나요.

영서

새벽들 아저씨가 살고 있는 다래울 마을로 이사 왔어요. 방학이라서 함께 놀 친구를 아직 못 사귀었어요. 심심해서 혼자 동네를 돌아다니다가 쪼그리고 앉아서 거미를 관찰하고 있는 새벽들 아저씨를 만났어요. 아저씨는 거미가 친구래요. 저도 거미줄을 쏘는 멋진 거미와 친구가 되고 싶어서 아저씨와 함께 7일 동안 거미 관찰 여행을 하게 되었지요.

진국

영서와 단짝이에요. 같은 유치원에 다니면서 친구가 되었어요. 동물은 다 좋아해요. 초등학교 3학년 때 아빠와 산에 갔다가 귀여운 깡충거미를 봤어요. 그때부터 거미에 대한 책을 읽고 인터넷 동호회에도 가입했어요. 영서는 제가 거미 박사래요. 다래울 마을로 이사한 영서가 새벽들 아저씨와 거미 관찰 여행을 다닌다고 해서 저도 끼워 달라고 했어요.

거미 관찰 여행
첫 째 날

(새벽들 아저씨가 땅바닥에 쪼그리고 앉아서 무언가를 관찰하고 있다. 놀 거리를 찾아서 혼자 동네를 이리저리 돌아다니던 영서가 아저씨를 발견하고 다가온다.)

영서: 아저씨 뭘 그렇게 보세요?

새벽들: 어? 너구나. 길 건너 이층집에 새로 이사 온 아이, 맞지? 반갑다. 나? 난 지금 거미를 찾고 있는 중이야.

영서: 거미요? 거미가 여기에 살아요?

새벽들: 거미는 어디에서나 살지. 바닷속만 빼고.

영서: 정말요? 하긴 우리 집에도 거미가 있어요. 그런데 거미는 왜 찾으세요?

새벽들: 거미가 좋으니까. 거미는 보면 볼수록 좋아지고, 알면 알수록 재미있거든.

영서: 그래요? 뭐가 좋고, 뭐가 재밌는데요?

새벽들: 흠, 그건 한마디로 얘기할 수는 없고, 네가 거미를 직접 보면 알게 될 거야.

영서: 거미가 어디에 있는데요? 저도 보고 싶어요.

새벽들: 거미를 만나고 싶으면 거미가 사는 곳에 가면 되지.

영서: 거미가 사는 곳을 알면 당장 찾아갈 텐데.

새벽들: 그러니? 그럼 우리 같이 거미가 사는 곳을 찾아가 볼까? 안 그래도 일주일쯤 거미를 찾으러 다닐 계획이었어. 책에서 보고 이름만 알고 있는 거미들도 직접 보고 싶었거든. 너도 함께 갈래?

영서: 진짜요? 와, 좋아요! 아직 친구를 못 사귀어서 심심했는데, 거미 친구라니. 생각만 해도 완전 신나는데요?

새벽들: 하하하, 그렇게 좋아? 나도 함께 다닐 친구가 생겨서 신이 나는구나. 아, 참. 내 소개를 안 했구나. 내 이름은 새벽들이야.

영서: 저는 영서라고 해요.

새벽들: 그럼 우리 당장 거미 관찰 여행을 시작해 볼까?

영서: 네! 근데 어디로 가야 거미를 볼 수 있는데요?

대륙유령거미

새벽들: 어디가 좋을까? 먼저 집에서 시작하는 게 좋을 것 같다.

영서: 거미 관찰 여행이라면서요. 근데 집이요?

새벽들: 알고 보면 집에도 거미가 많이 산단다. 아파트보다는 단독 주택에서 보기가 더 쉬워. 시골집이나 자연이 가까이에 있는 음식점 화장실이면 더더욱 좋고. 공원이나 산에 있는 절의 화장실에서도 거미를 쉽게 볼 수 있지. 청소를 자주 안 하는 방의 천장 모서리나 건물의 구석진 곳을 자세히 보렴. 다리가 엄청 긴 거미를 볼 수 있을 거야. 몸통은 작은데 다리가 유난히 길어서 자세히 보지 않으면 거미인지조차 모를걸?

영서: 아, 정말 여기 거미가 한 마리 있네요. 다리가 엄청 길어요.

새벽들: 그 애는 대륙유령거미라고 해. 불규칙한 모양으로 거미그물을 치고 사는 앙증맞은 거미란다. 가까이 다가가서 살짝 건드려 볼까?

영서: 앗, 거미가 그물을 마구 흔들어요. 자기를 공격한다고 생각하나 봐요.

새벽들: 그런 것 같지? 어떻게 작은 몸에서 저런 엄청난 힘이 나오는지, 신기하기만 해.

영서: 진짜 신기해요. 그런데 이 거미를 왜 유령이라고 불러요?

새벽들: 그 이유는 네가 한번 맞혀 보렴. 지금처럼

거미가 거미그물을 잡고 마구 흔들어 대면 어떻게 보일 것 같니?

영서: 음, 아른아른할 것 같아요. 거미도 잘 안 보이고…….

새벽들: 바로 그거야. 거미가 거미그물을 마구 흔들면 상대방 눈동자의 초점이 안 맞아서 거미가 유령처럼 사라지는 것 같대.

영서: 마술사네요. 그런데 거미가 왜 그러는 거예요?

새벽들: 네가 새라고 한번 상상해 봐. 네가 새가 되어 나뭇가지 위에 앉아 있는데 거미를 발견한 거야. 기분이 좋아진 너는 부리로 거미를 건드리며 "쩝쩝, 이제 맛있는 밥을 슬슬 먹어 볼까?" 하고 부리를 벌렸어. 그런데 갑자기 거미가 요동을 치는 거야. 어찌나 심하게 흔들리는지 거미를 제대로 볼 수가 없어. 그 순간 눈앞에서 거미가 사라져 버려. 너는 놀라서 푸드덕 날아오르며 말하지. "내가 유령한테 홀렸나? 분명히 거미가 있었는데……."

영서: 하하하, 정말 그럴 것 같아요. 그래서 이 거미를 유령거미라고 부르는군요. 참 재미있는 이름이에요!

새벽들: 우리나라에는 유령거미과에 속하는 거미들이 많아.

영서: 유령거미과요?

새벽들: 쉽게 말하면 유령거미 집안의 가족들이 많다는 거지. 가장 흔한 건 집유령거미란다. 집유령거미는 우리와 함께 살고 있다고 볼 수 있어. 한번 찾아볼까? 집유령거미는 아주 가까운 곳에서 살거든. 어디 보자. 아, 여기 한 마리 있다!

영서: 거미가 작은 구슬을 물고 있어요.

새벽들: 그건 알이란다.

영서: 저 작은 구슬 같은 게 알이라고요?

새벽들: 집유령거미 암컷은 알을 여러 개 낳은 다음에 주머니처럼 만들어서 입에 물고 다녀. 알을 담은 주머니라서 '알주머니'라고 부르지. 아마 다른 유령거미도 금방 찾을 수 있을 거야. 이야, 오늘은 운이 좋구나. 지금 막 관악유령거미가 거미줄을 바람에 날리고 있어.

영서: 어디요, 어디? 우와, 꽁무니에서 하얀 줄이 나오고 있어요.

새벽들: 배 끝에 거미줄을 뽑아내는 '실젖'이라는 것이 있는데 '거미줄돌기'라고도 하지. 저 거미줄이 바람에 날리다가 어딘가에 붙으면 거미가 그 줄을 타고 이동을 해. 새나 곤충의 비행과 비슷하다고 해서 '유사비행'이라고 한단다.

영서: 유사가 무슨 말이에요?

새벽들: 비슷하다는 뜻이야.

영서: 와, 저것 보세요. 거미줄이 은빛이에요!

새벽들: 햇살에 반짝이고 있구나. 저기 나무 껍질에 붙어 있는 거미 보이니? 저 애는 광교유령거미야. 산과 들에 많이 살아서 찾아보려고만 하면 쉽게 만날 수 있어.

거미의 눈

영서: 근데 거미도 눈이 있나요? 거미가 너무 작으니까 눈이 없는 것 같아요.

새벽들: 거미는 보통 눈이 여덟 개란다.

영서: 여덟 개요? 그렇게 많아요?

새벽들: 어. 곤충과 다르지?

영서: 네. 그리고 곤충의 눈은 겹눈과 홑눈으로 되어 있다고 들었어요.

새벽들: 맞아. 잠자리는 커다란 눈이 두 개 있잖니. 그게 겹눈이야. 그 겹눈 속에는 삼만 개나 되는 낱눈들이 모여 있다고 해.

집유령거미

집유령거미 암컷과 알주머니

실젖에서 나오는 거미줄

관악유령거미

광교유령거미

1

2

1 왕잠자리. 잠자리는 겹눈이 매우 커서 얼굴을 거의 다 차지한다.

2 왕사마귀. 커다란 겹눈 사이에 역삼각형을 이룬 작은 세 점이 홑눈이다.

영서: 그럼 홑눈은 어디에 있어요?

새벽들: 사마귀를 한 마리 잡아서 관찰해 보자. 옳지, 여기 있다. 요 녀석을 자세히 보면 겹눈과 겹눈 사이에 세 개의 홑눈이 보일 거야.

영서: 정말 작은 점이 세 개가 있어요.

새벽들: 겹눈은 사물의 형태나 크기를 보고, 홑눈은 빛의 세기나 밝기를 구별한대. 곤충과 달리 거미의 눈은 모두 홑눈이고, 대개 눈이 여덟 개야.

영서: 눈이 여덟 개면 얼굴에 온통 눈뿐이겠어요.

새벽들: 어떤 거미는 눈이 두 줄인데 앞에 네 개, 뒤에 네 개 있어. 또 어떤 거미의 눈은 세 줄인데 앞에 네 개, 가운데 두 개, 뒤에 두 개가 있지. 눈 여덟 개가 머리에 빙 둘러 있는 거미도 있어. 거미마다 눈의 수와 배열이 다르기 때문에, 눈을 자세히 보면 어떤 과에 속하는지 알 수 있기도 해.

영서: 거미는 눈이 하나쯤 없어도 괜찮을 것 같아요.

새벽들: 눈이 여덟 개인 까닭이 있겠지. 눈이 여섯 개인 거미도 있어. 거문육눈이유령거미는 이름 그대로 눈이 여섯 개야. 눈 여섯 개가 양쪽에 세 개씩 모여 있어서 멀리서 보면 그냥 두 개의 눈처럼 보여. 워낙 작아서 현미경을 들이대야 보이지만, 독니까지 있을 건 다 있어. 아, 공주거미도 눈이 여섯 개였지.

영서: 공주라고요? 공주 왕자 할 때 그 공주요?

새벽들: 하하하, 그 공주는 아니란다. 이 거미는 굴을 파고 그 안에서 살거든. 공주는 한자로 굴처럼 비어 있는 집이라는 뜻이야. 이름의 뜻은 달라도 몸매가 매끈하고 색도 고와 공주처럼 예쁜 거미지.

눈 이야기를 하다가 여기까지 왔네. 거미는 보통 눈이 여덟 개라고 했지? 물론 거문육눈이유령거미나 공주거미처럼 눈이 여섯 개인 거미도 있지만, 눈이 네 개거나 두 개인 거미도 있어. 눈이 네 개인 거미로는 손짓거미가 있지.

적갈논늑대거미. 눈이 앞에 넷, 가운데에 둘, 뒤에 둘로 모두 여덟 개다.

검은날개무늬깡충거미. 눈 여덟 개가 머리를 빙 두르고 있다.

검은날개무늬깡충거미. 앞줄 가운데에 있는 눈 두 개가 매우 커서 자동차의 전조등처럼 보인다.

거문육눈이유령거미.
다리를 뺀 몸길이가 2mm쯤 된다.

눈이 여섯 개인데
양쪽에 세 개씩 모여 있다.

공주거미

통거미

각다귀침노린재

영서: 그럼 눈이 하나인 거미도 있나요?

새벽들: 어떻게 알았지? 눈이 하나밖에 없는 거미도 있어. 아예 눈이 없는 거미도 있는데, 이런 거미는 쉽게 볼 수가 없지. 우리 주변에서 흔히 보는 거미는 눈이 여덟 개야.

영서: 여기에도 거미가 있어요. 유령거미인가 봐요.

새벽들: 요 녀석은 거미가 아니야. 유령거미와 닮긴 해도 통거미란다. 이름만 거미일 뿐이지 정확히 말하면 거미는 아니고 가까운 친척쯤으로 보면 돼.

영서: 이리 보고 저리 봐도 거미처럼 생겼는데, 거미하고 뭐가 달라요?

새벽들: 몸을 한번 보렴. 그냥 통으로 되어 있지? 보통 거미는 몸이 머리와 가슴이 붙은 '머리가슴' 부분과 '배' 부분으로 나누어져 있지. 자세히 보면 이 두 부분이 '배자루'라고 부르는 가느다란 부분으로 연결되어 있단다. 곤충은 몸이 세 부분으로 나뉘어 있고 거미는 두 부분으로 나뉘어 있는데, 통거미는 몸통이 하나인 거지.

통거미는 장님거미라고도 불러. 통거미가 움직일 때 가장 긴 두 번째 다리로 더듬거리면서 방향을 정하는데, 이게 마치 시각 장애인이 지팡이로 짚는 모습과 비슷하다고 해서 붙은 별명이야. 그리고 통거미는 실젖이 없어서 거미줄을 만들지 못해. 독니도 없고.

영서: 하나 둘 셋 넷 다섯 여섯 일곱 여덟, 다리는 거미처럼 여덟 개네요.

새벽들: 유령거미와 비슷하게 생긴 곤충이 또 있어. 각다귀침노린재라고, 이름 그대로 각다귀를 닮은 노린재란다. 각다귀 알지? 모기처럼 생긴 커다란 파리 말이야. 알고 보면 자연에는 이렇게 닮은 생물들이 많단다.

영서: 이제 보니 거미는 곤충과는 좀 다르게 생긴 것 같아요.

새벽들: 거미는 곤충보다는 오히려 전갈이나 응애, 진드기 같은 생물과 더 가까워. 이 녀석들도 거미처럼 다리가 여덟 개거든.

거미와 곤충, 전갈, 응애처럼 다리가 마디로 되어 있는 동물들을 통틀어서 절지동물이라고 해. 곤충과 거미는 절지동물이긴 해도 다른 점이 많아서 서로 집안이 다르단다.

영서: 설명을 들으니까 알겠어요. 이젠 안 헷갈려요.

새벽들: 이제 다시 거미를 찾아볼까? 이번에는 벽이나 건물 기둥 같은 데를 잘 살펴보렴. 동전처럼 납작하게 생긴 거미줄을 찾아보자꾸나. 자세히 보

쌍줄접시거미 / 노란측범잠자리

	거미	곤충
몸 구분	두 부분: 머리가슴, 배	세 부분: 머리, 가슴, 배
눈	홑눈(8, 6, 4, 2, 1, 없음)	겹눈과 홑눈
날개	없다	4장(없는 곤충도 있다)
다리	8개	6개
더듬이	더듬이다리(더듬이는 없다)	2개
실젖(거미줄돌기)	있다	없다
성장	허물벗기	갖춘탈바꿈 / 못갖춘탈바꿈

면 동전 같은 거미그물에서 햇살이 비추는 것처럼 거미줄이 여기저기로 뻗어 나가는 것이 보일 거야.

영서: 아, 여기 있어요. 기둥에 붙어 있네요. 아까 보니까 화장실 문틈에도 이렇게 생긴 게 있었어요.

새벽들: 대륙납거미가 만든 거미그물이야. 이름이 참 특이하지? 납작하게 생긴 대륙계 거미라서 대륙납거미라는 이름이 붙었대. 은신처인 거미그물이 눈에 잘 띄니까 이 거미를 찾고 싶으면 먼저 거미그물을 찾으면 된단다.

정주성 거미와 배회성 거미

새벽들: 대륙납거미는 집의 처마 밑이나 기둥이나 창고의 벽면 같은 곳에 납작하고 동그란 동전 모양으로 거미그물을 치고 사는 '정주성 거미'란다.

영서: 정주성 거미요?

새벽들: 정주성 거미라는 말은 거미그물을 만들고 그 안에서 지내면서 사냥을 하는 거미들을 일컬어. 그물을 만든다고 '조망성 거미'라고도 해.

거미는 거미그물을 만들고 사는 정주성 거미와 거미그물을 만들지 않고 돌아다니면서 먹이를 사냥하는 '배회성 거미'로 나눈단다.

거미그물

영서: 거미라고 다 거미그물을 만드는 건 아니었네요. 대륙납거미의 그물을 자세히 보니까 거미줄이 사방으로 뻗어 있어요.

새벽들: 이 거미줄을 '신호줄' 또는 '설렁줄'이라고 해. 먹이가 걸렸다는 신호를 보내거든. 거미가 그물 안에 숨어 있다가 지나가는 곤충이 이 신호줄을 건드리면 바로 달려 나와. 물론 천적이 신호줄을 건드리면 달려 나오는 대신 더 꼭꼭 숨겠지?

전갈

붉은털진드기

진드기

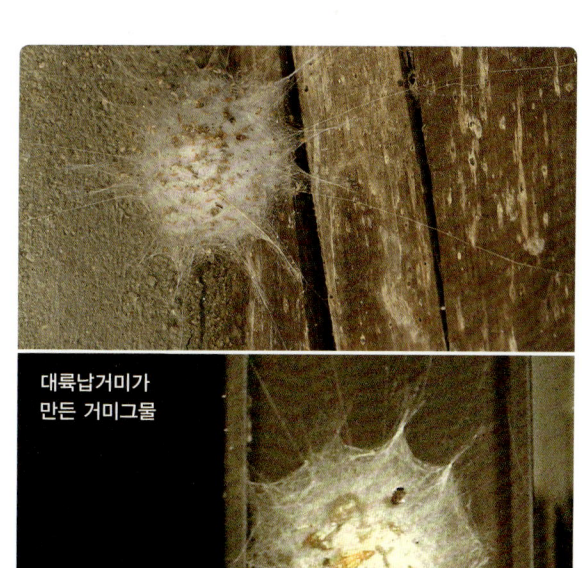
대륙납거미가 만든 거미그물

영서: 이 신호줄이 생명줄이나 마찬가지네요.

새벽들: 거미그물을 좀 더 살펴볼까? 대륙납거미의 거미그물은 보통 마루와 천장과 신호줄 이렇게 세 부분으로 되어 있어. 마루는 거미가 쉬거나 먹이를 먹거나 알을 낳는 곳이고, 이 마루를 덮고 있는 천막 같은 건 천장이라고 해. 여러 곳으로 뻗어 있는 거미줄은 신호줄이지. 대륙납거미는 밤에 활동하는 야행성 거미야. 집 둘레에 살면서 해충을 잡아먹고 살아. 우리 주변에 많이 살아서 그런지 옛날 사람들은 이 거미를 가정상비약처럼 사용했대. 주로 피를 멈추게 하거나 편도에 염증이 생겼을 때, 이 거미를 썼다는 기록이 있어. 거미의 알주머니를 어린이 구토증에 썼다는 기록도 있고.

영서: 해충도 잡아먹고 약으로도 쓰였다니 사람들한테 도움을 많이 주는 거미네요.

거미의 몸길이

영서: 대륙납거미는 유령거미처럼 다리가 안 길어요. 근데 몸통은 더 크고……. 어느 거미 몸이 더 길어요?

새벽들: 와, 날카로운 질문인데? 거미의 몸길이를 재는 방법은 보통 두 가지야. 다리를 자연스럽게 펴 놓고 다리와 다리 사이의 길이를 재는 것을 '경간'이라고 하고, 다리를 뺀 몸길이만 재는 것을 '체장'이라고 해. 몸길이라고 하면 보통 체장을 말해. 대륙납거미의 체장은 암컷이 9~11밀리미터고 수컷이 5~6밀리미터야. 거미는 대게 암컷이 수컷보다 커.

영서: 다리를 뺀 몸길이는 대륙납거미나 유령거미나 비슷비슷해 보여요.

새벽들: 작은 거미들을 좀 더 보여 줄게. 이번에는 아파트 쪽으로 가 보자. 몸길이가 0.5센티미터도 안 되는 작은 꼬마거미들이 있는데, 아파트에서도 쉽게 찾을 수 있어. 여기 말꼬마거미가 있네. 조금 큰 꼬마거미라고 해서 이름 앞에 말 자를 붙였어. 말 자는 크다는 뜻이거든. 말벌, 말냉이처럼 말이야.

영서: 이 거미 알아요. 이게 말꼬마거미구나. 시골 할머니 집에 가면 지붕 밑에 엄청 많던데요.

새벽들: 말꼬마거미는 우리나라 어디에나 살아. 다리 아래에서도 살고 어두침침한 지하실이나 바위나 동굴에서도 거미그물을 치고 살지. 우리나라뿐만 아니라 온 세계에서 살고 있는 거미야.

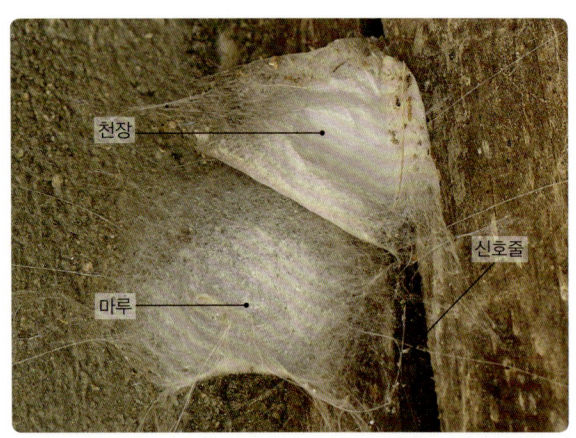

대륙납거미 거미그물의 구조

대륙납거미

영서: 이 거미그물은 뭔가 어수선해요.

새벽들: 말꼬마거미가 치는 이런 불규칙한 그물은 최초의 그물 형태라고 볼 수 있어. 거미들은 이렇게 불규칙한 그물을 치다가 차츰 규칙적인 그물을 치게 되지. 불규칙한 그물은 먹이를 잡는 데 아주 쓸모가 있단다. 한번 거미그물에 들어온 먹이는 그물을 벗어나기 어려워. 말꼬마거미는 먹이가 그물에 걸리면 바로 달려가서 먹이를 잡아먹거나 안개 같은 얇은 거미줄로 먹이를 감싸 놓고 나중에 배가 고플 때 먹기도 해. 이렇게 먹이를 싸는 거미줄을 '싸개막'이라고 부른단다.

영서: 말꼬마거미는 뭘 먹고 사는데요?

새벽들: 작은 곤충들을 사냥하는데 가끔 다른 거미들을 잡아먹기도 해.

말꼬마거미 암컷

무늬강도래를 사냥하고 있는 말꼬마거미

다른 거미를 잡아먹고 있는 말꼬마거미

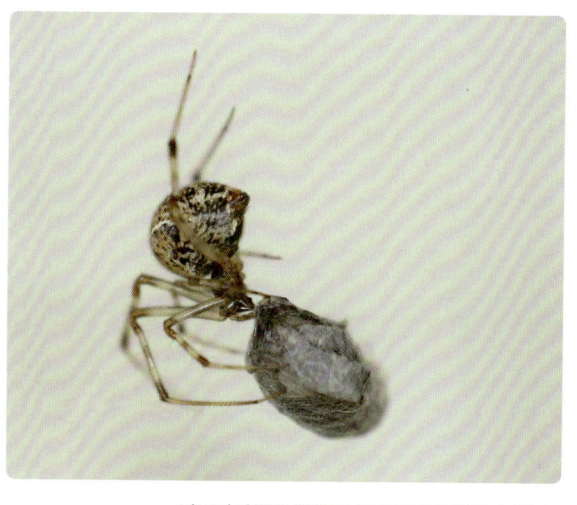

말꼬마거미가 먹이를 싸개막으로 감싸 놓았다.

한국깔때기거미 암컷

한국깔때기거미 수컷.
더듬이다리가 장갑을 낀 것 같다.

기생왕거미 암컷

기생왕거미 수컷.
더듬이다리가 동그랗다.

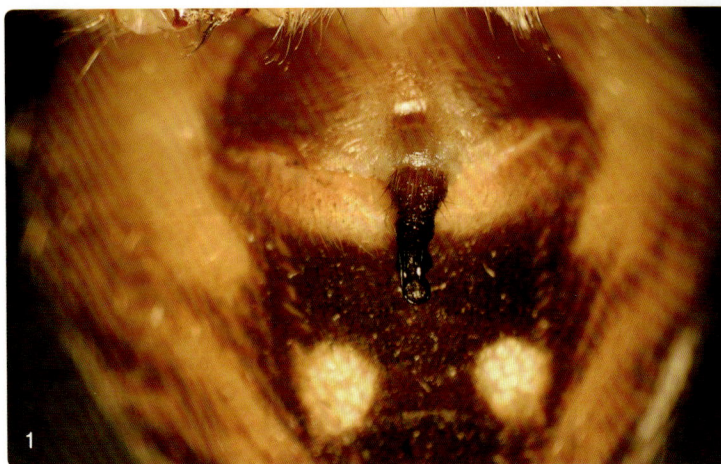

1 지이어리왕거미 암컷의 외부생식기. 거미마다 외부생식기의 모양이 다르기 때문에 거미를 정확하게 구분하려면 현미경으로 보아야 한다.

2 한국깔때기거미 수컷의 더듬이다리. 수컷의 더듬이다리는 복잡한 구조로 되어 있으며 거미마다 다르다.

더듬이다리

영서: 말꼬마거미보다 작고 더 붉은 거미가 있어요.

새벽들: 그 녀석은 수컷이야. 암컷보다 작고 배가 날씬하지. 몸빛도 붉은빛이 도는 갈색이고. 암컷과 다른 점이 또 뭐가 있는지 찾아볼래?

영서: 음, 뭐가 다르지? 그런데 얘는 더듬이 같은 게 동글동글한데요?

새벽들: 딩동댕! 암컷과 수컷을 구분할 때 '더듬이다리'를 보거든. 더듬이다리가 채찍 모양이면 암컷이고, 끝이 권투 장갑을 낀 것처럼 둥글게 부풀어 있으면 수컷이야. 하지만 어렸을 때에는 이 모양이 잘 나타나지 않기 때문에 구분하기가 쉽지 않아.

이 거미는 아파트 단지의 나무 사이나 베란다 아래에 그물을 치고 살아서 쉽게 눈에 띄어. 거미그물에 알주머니가 매달려 있는 게 보이니? 알주머니를 네댓 개쯤 매달아 놓고 암컷이 그 주변에서 지키지.

영서: 그런데 수컷은 왜 더듬이다리가 동그래요?

새벽들: 수컷은 짝짓기할 때가 되면 생식기에서 정액을 흘려 더듬이다리에 저장해 두거든. 이때 '정자그물' 또는 '정자망'이라고 하는 그물을 만들어. 이 정자그물에다 정액을 쏟아 놓은 다음에 다시 더듬이다리에 이 정액을 모아 두는 거야. 암컷을 만나면 정액이 들어 있는 이 더듬이다리를 암컷의 생식기에 넣고 짝짓기를 하는 거란다.

영서: 곤충의 더듬이와는 다른 건가요?

새벽들: 거미의 더듬이다리는 곤충의 더듬이와 전혀 달라. 거미는 이 더듬이다리를 손처럼 써. 특히 먹이를 잡을 때 아주 쓸모가 있지.

영서: 곤충의 더듬이처럼 안테나로도 써요?

새벽들: 아니. 대신 온몸에 나 있는 털이 안테나 역할을 해.

말꼬마거미를 본 김에 다른 꼬마거미들을 더 보여줄게. 이 거미들은 너무 작아서 돋보기로 들여다보아야 제대로 볼 수 있지만, 모두 개성만점이란다.

말꼬마거미 수컷

알주머니를 지키고 있는 말꼬마거미 암컷

말꼬마거미 알주머니에서 아기 거미들이 나오고 있다.

꼬마거미과의 거미들

얼룩무늬꼬마거미.
예전엔 색동꼬마거미라고 불렸다.
갈색과 하얀색의 무늬가 색동 무늬처럼 보인다.

넓은잎꼬마거미.
배에 잎사귀 무늬가 있다.

작살가랑잎꼬마거미.
머리가슴부에
작살 무늬가 있다.

반달꼬마거미.
몸에 하얀색
반달무늬가 있다.

여덟점꼬마거미.
배에 여덟 개의 점이 있다.

이끼꼬마거미.
머리가슴부에
독특한 무늬가 있다.

영서: 꼬마거미들은 아저씨 말대로 다 개성이 넘쳐요!

새벽들: 이제 꼬마거미들과는 다른 매력을 가진 거미를 만나 볼까?

이 거미는 아파트 주차장 입구나 가로등 그리고 정원의 나무 사이에 커다란 그물을 치고 살아. 햇살을 받으면 이 거미의 그물이 황금색으로 보인단다. 이렇게 멋진 그물을 만드는 거미는 누굴까?

영서: 누군데요?

새벽들: 바로 무당거미!

영서: 우와, 이 거미는 진짜 화려해요. 몸에 검은색, 빨간색, 노란색을 칠해 놓은 것 같아요.

새벽들: 얼마나 화려하고 멋지면 이름이 무당거미일까? 무당이 굿을 할 때 아주 화려한 옷을 입거든. 무당개구리, 무당벌레도 색깔이 화려해서 이름에 무당이 들어가지.

무당거미는 특이한 모양으로 거미그물을 만들어. 모양이 말발굽처럼 생겼다고 해서 말굽 모양 거미그물이라고 해. 이 그물은 세 개의 면으로 되어 있어. 앞쪽은 사냥할 때 쓰고, 가운데는 생활하는 곳이고, 나머지는 쓰레기 버리는 곳이라는 얘기를 들은 적이 있어. 진짜 그런지 확인할 필요가 있지만 그래도 알아 두면 좋겠지?

무당거미가 이렇게 그물을 복잡하게 만드는 이유는 그물 전체를 튼튼하게 하고 천적에게서 자신을 보호하려고 그런다고도 해.

영서: 아까부터 궁금한 게 있는데요, 거미줄과 거미그물은 다른 말인가요?

새벽들: 맞아. 거미줄과 거미그물은 달라. 거미줄은

무당거미

무당거미 암수. 수컷은 암컷에 비해 많이 작아서 마치 새끼처럼 보인다. 몸길이는 암컷이 20~30mm, 수컷 6~10mm다.

실젖에서 나오는 줄을 말해. 이 줄은 한 가닥이 아니라 수만 가닥이 꼬여서 만들어진 거야. 그리고 거미그물은 이 거미줄로 만든 그물을 가리키지.

영서: 이제는 헷갈리지 않겠어요.

새벽들: 무당거미는 우리 주변에 흔한 거미지만 아쉽게도 가을이 깊어 가면 더는 못 본단다. 무당거미가 살기에는 우리나라 겨울이 너무 춥거든. 어미는 죽기 전에 알주머니를 만들고 그 위에서 먹지도 않고 알주머니를 지켜. 목숨이 다할 때까지 그 자리에서 벗어나지 않아. 무당거미 아기들은 알주머니 안에서 무사히 겨울을 보내고 이듬해 봄에 알주머니를 뚫고 나오지. 자연의 일부가 되어 씩씩하게 살아가는 거야. 어미가 그랬던 것처럼 짝짓기를 하고 알을 낳고 목숨이 다할 때까지 알을 지키고…….

거미의 겨울나기

영서: 다른 거미들도 무당거미처럼 겨울을 못 나요?

새벽들: 모든 거미들이 겨울을 나지 못하는 건 아니야. 거미들도 나름대로 추위를 견디고 살아남을 방법을 세웠거든. 어떤 거미는 어른 거미나 청소년 거미로 겨울을 나지. 무당거미처럼 부모는 죽지만 알주머니 안에서 안전하게 아기 거미로 겨울을 나기도 해. 물론 알 상태로 겨울을 나기도 하지.

영서: 거미도 개구리나 곰처럼 겨울잠을 자는 거네요? 거미는 어디에서 겨울잠을 자요?

새벽들: 거미들마다 겨울잠을 자는 곳이 달라. 자기들이 좋아하는 장소가 있거든. 왕깡충거미나 나무결새우게거미, 줄연두게거미는 나무껍질 속에서 겨

무당거미의 거미그물. 어렸을 때에는 거미그물이 흰색이지만 짝짓기 철이 되면 황금빛 거미그물을 만든다.

무당거미 알주머니

어린 무당거미

울잠을 자. 자세히 관찰해 보면 깡충거미들은 나무 껍질 속에 거미줄로 방을 만들고 그 안에서 겨울을 난단다. 새우게거미들이나 게거미들은 몸이 납작하기 때문에 좁은 나무껍질 사이에서 몸을 납작하게 붙이고 추운 겨울을 이겨 내. 톱수리거미나 한국염낭거미도 나무껍질이나 썩은 나무 틈에 은신처를 만들고 겨울을 나지.

몸이 조금 큰 모산굴뚝거미나 민자얼룩가게거미는 굴을 파거나 바위나 커다란 돌 밑에 특이한 모양의 은신처를 만든단다. 아니면 사람들이 쌓아 놓은 농작물 같은 곳에서 겨울을 나.

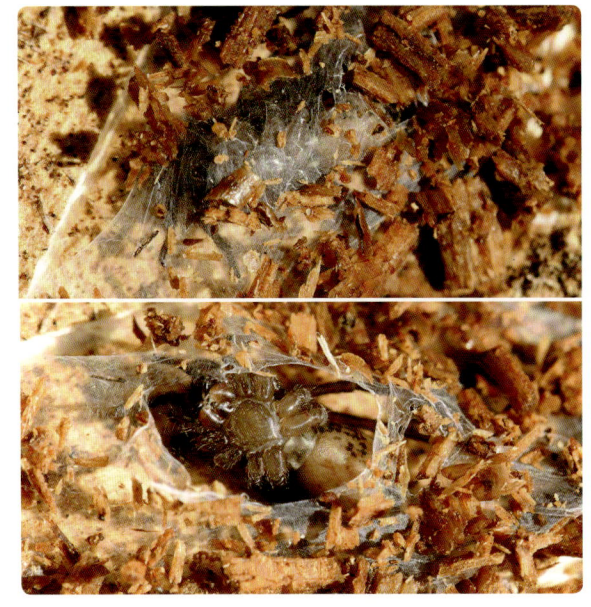

민자얼룩가게거미가 겨울잠을 자고 있다.

겨울잠을 자고 있는 왕깡충거미

톱수리거미의 겨울집

한국염낭거미의 겨울집

겨울집에서 나온 왕깡충거미

겨울집에 있는 톱수리거미

겨울집에서 나온 한국염낭거미 수컷

모산굴뚝거미가 만든 굴뚝 모양의 은신처

긴호랑거미 알주머니. 항아리처럼 생긴 알주머니 안에 노란 빛깔의 알들이 가득 들어 있다.

거미의 한살이

영서: 겨울을 나고 나면요, 엄마도 없이 아기 거미는 어떻게 살아요? 어떻게 어른이 되는지 궁금해요.

새벽들: 좋아, 설명이 길겠지만, 거미의 한살이를 차근차근 살펴보자.

알

거미는 알을 수십 개에서 수백 개를 낳아. 그러고는 이 알들이 흩어지지 않도록 거미줄로 감싼단다. 이걸 알주머니 또는 알집이라고 하는데 이 알주머니 안에서 거미의 한살이가 시작되지.

림프

시간이 지나면 하나하나의 알에서 거미들이 나와. 이 단계의 거미를 '림프(limp)'라고 하지. 림프는 몸에 다리가 달려 있기는 한데 움직이지도 못하고 먹지도 못해.

아기늪서성거미의 알주머니. 림프들이 가득 들어 있다.

먹닷거미 림프의 허물

먹닷거미 애거미

들풀거미 애거미가 알주머니를 뚫고 나오고 있다.

애거미

림프의 단계에서 한 번 더 허물을 벗으면 '애거미'가 돼. 애거미들은 더 이상 알주머니 안에 머물지 않고 알주머니 밖으로 나온단다. 애거미들이 알주머니에서 나온 상태를 '부화'라고도 하는데 정확하게 말하면 이건 잘못된 말이지. 부화는 이미 알주머니 안에서 이루어졌거든. 애거미는 부화한 다음에 한 번 허물을 벗은 상태란다.

애거미들은 모양이나 색이 부모와 참 많이 닮았어. 림프 때와는 달리 활발하게 움직이고 먹이도 먹지. 이때부터 애거미들은 잠깐이지만 집단생활을 해. 이 집단생활은 거미의 한살이에서 오직 한 번뿐이야. 거미들은 서로 잡아먹기 때문에 집단생활을 하기 어렵거든.

유체

얼마 동안 무리 지어 살다가 애거미들은 뿔뿔이 흩어져서 독립생활을 시작한단다. 이 과정을 어려운 말로 '분산'이라고 해.

흩어져 혼자 살면서 거미들은 허물을 벗으며 자라. 이때의 거미를 '유체'라고 하지. '허물벗기'는 거미마다 방법과 횟수가 달라. 모든 거미들이 다 허물벗기에 성공하지는 않아. 실패도 많이 해. 허물벗기는 매우 위험해서 숨어서 한단다.

영서: 왜 위험해요?

새벽들: 허물을 벗고 나서 얼마 동안은 아무것도 할

살깃깡충거미 애거미들. 분산하기 전에 잠시 모여 살고 있다.

황닷거미 애거미들. 집단생활을 하고 있다.

수 없기 때문이야. 거미는 우리랑 다르게 외골격이지. 우리는 뼈가 몸속에 있는 내골격인데 거미는 몸의 겉에 뼈대가 있어. 그래서 몸집이 커감에 따라 허물을 벗어야만 해. 만약 알맞은 때에 허물벗기를 못하면 껍질 안에서 갇혀 죽게 되거든. 허물벗기는 거미의 성장에서 아주 중요하면서도 가장 위험한 과정이야.

허물벗기는 머리가슴 부분부터 옛 몸에서 빠져나와. 다리까지 빠져나오면 거미는 다리를 오므렸다 폈다 하면서 몸에 피가 잘 돌게끔 한단다. 이때는 아직 몸빛도 옅고 몸도 굳지 않아서 투명해 보여. 허물을 벗고 나면 잘린 다리도 다시 생기지.

영서: 다리가 다시 생겨요? 진짜 신기하다. 그런데 왜 다리가 잘렸을까요?

새벽들: 천적에게 당했을 수도 있고 거미가 공격을 받을 때 스스로 다리를 자르고 도망가기도 해. 이런저런 이유로 다리를 잃어버릴 수 있는데, 허물을 벗고 나면 다리가 다시 생겨. 다시 생긴 다리는 다른 다리들보다 색이 옅고 가늘어서 표시가 난단다. 마지막 허물을 벗고 난 다음에 다리가 잘리면 그땐 다시 안 생기지.

거미는 마지막 허물을 벗고 나면 비로소 짝짓기를 할 수 있어. 어른 거미가 된 거야. 사람이 결혼하기 전에 소년기와 청년기를 거치잖니? 거미도 비슷해. 어려운 말로 하면 소년기는 '아성체', 청년기는 '준성체', 어른 거미는 '성체'라고 해.

아성체

아성체의 거미는 어른 거미와 몸빛이 닮았지만 아직 암컷과 수컷을 구분하기가 어려워.

준성체

청년기인 준성체가 되면 사람들처럼 2차 성징과 같은 변화가 거미에게 일어나지. 짝짓기를 할 수 있는 몸으로 변하는 거야. 암컷 몸에는 외부생식기라는 것이 생겨. 수컷은 더듬이다리가 권투 장갑을 낀 것처럼 부풀어 오르기 시작하지.

성체

준성체에서 한 번 더 허물을 벗고 나면 비로소 성체

허물벗기에 성공한 아기늪서성거미

허물벗기에 실패한 아기늪서성거미

뫼가시늑대거미. 왼쪽 넷째다리가 다시 생긴 다리다.

막 허물을 벗은 촌티늑대거미. 몸빛이 옅고 투명하다.

먹닷거미. 왼쪽 셋째다리가 다시 생긴 다리다.

막 허물벗기를 끝낸 긴호랑거미 유체

가 돼. 성체가 되면 더 이상 허물을 벗지 않고 짝짓기를 할 수 있어. 그런데 땅거미 암컷은 성체가 되고 나서도 허물을 벗는대. 그래서 더는 허물을 벗지 않는 수컷을 '완성체'라고 부르기도 해. 물론 암컷도 더는 허물을 벗지 않으면 수컷처럼 완성체라고 부르기도 하지. 설명이 길었지? 어려운 이야기인데 잘 이해했는지 모르겠다.

영서: 좀 어렵긴 해요. 제가 한번 정리해 볼게요. 잘 들었는지 확인해 주세요.

거미는 알 – 림프 – 애거미 – 유체 – 아성체 – 준성체 – 성체 또는 완성체의 단계를 거쳐서 자란다는 거죠?

새벽들: 와, 대단한데? 어려운 말들을 잘 기억하고 있구나!

영서: 거미의 한살이를 알고 나니까 거미를 더 잘 관찰할 수 있을 것 같아요.

새벽들: 어려운 공부를 했으니까 쉬는 기분으로 가볍게 퀴즈 하나 풀어 볼까? 거미는 왜 거미라고 부를까?

영서: 음, 글쎄요. 거미는 왜 거미일까요? 처음부터 거미였을까요?

새벽들: 처음 이 생물을 본 옛사람들이 검은 생물이란 뜻으로 '거미'라고 불렀을 거라고 해. 산왕거미처럼 검은색을 띤 생명체를 검다는 뜻으로 거미라고 하다가 거미가 되었다는 얘기지.

영서: 거미가 검다는 뜻이군요. 갑자기 다른 나라에서는 거미를 어떻게 부르는지 궁금해요.

새벽들: 거미의 이름은 나라마다 달라. 영어로는 '스파이더', 프랑스어로는 '아레니에', 일본에서는 '구모', 중국에서는 '즈주'라고 부르지.

이렇게 서로 다른 이름을 쓰다 보니 국제회의를 할 때마다 뜻이 안 통할 때가 많았대. 그래서 학자들끼리 약속을 해서 거미를 '아라크니다(Arachnida)'라는 이름으로 쓰기로 했대.

영서: 아라크니다?

새벽들: 응. 옛날 그리스에 길쌈을 잘하는 아라크네라는 농사꾼 처녀가 살고 있었대. 아라크네는 우쭐거리며 이렇게 말하곤 했지. "천 짜는 솜씨는 아무도 나를 따라올 수 없어. 길쌈을 만든 아테네 여신과 시합을 해도 내가 이길 거야." 이 말이 아테네 여신의 귀에도 들어갔어. 아테네 여신은 불같이 화를 내며 아라크네에게 길쌈 시합을 하자고 했단다. 하지만 아라크네의 길쌈 솜씨는 정말 뛰어났어. 아테네 여신도 이길 수 없는 아주 훌륭한 솜씨였지. 결국 시합에서 진 아테네 여신은 사람에게 진 것이 창피하고 화가 나서 아라크네가 정성 들여서 만든 작품을 갈가리 찢어 버렸대. 이것을 본 아라크네는 신을 화나게 한 것에 크게 겁을 먹고서 그만 목을 매고 죽고 말았어. 아라크네가 죽고 나자 아테네 여신은 자기 잘못을 깨닫고 크게 후회했어. 그래서 아라크네를 거미로 다시 태어나게 했지. 거미로 다시 태

산왕거미

어난 아라크네는 자신의 솜씨를 뽐내듯이 거미그물을 짜면서 살았다고 해. 사람들은 거미로 다시 태어난 아라크네를 기념하려고 거미를 아라크니다로 불렀지.

영서: 이야기를 듣고 나니까 거미가 빨리 보고 싶어졌어요. 이번에는 어디로 갈까요?

새벽들: 가까운 학교로 가 볼까? 학교에도 잘 찾아보면 거미가 많거든.

영서: 좋아요, 빨리 가요.

새벽들: 오, 제법 걸음이 빠른데? 학교에 도착하면 측백나무나 주목을 찾아보자. 이 나무들에는 신기한 모양의 거미그물이 많이 쳐져 있을 거야.

영서: 어떤 모양인데요?

새벽들: 텐트처럼 생긴 거미그물인데 어느 나무는 거미그물이 엄청 많아서 마치 캠핑장처럼 보일 정도란다. 거미그물을 자세히 보면 그물 아래쪽으로 터널 같은 게 보일 거야. 아마 터널 둘레에 죽은 곤충들의 찌꺼기 같은 게 널려 있을걸? 이런 거미그물은 애풀거미나 들풀거미가 만들지.

영서: 애풀거미? 들풀거미?

새벽들: 이 거미들은 특이한 거미그물을 만들기 때문에 먼저 거미그물을 찾아보는 게 좋아. 거미는 복잡한 그물 아래쪽에 있는 터널 안에서 지내. 먹이가 그물에 걸리면 쏜살같이 달려 나오지. 그러고는 먹

들풀거미의 거미그물

애풀거미의 거미그물

애풀거미

들풀거미

1~7 들풀거미 알주머니에서 애거미들이 나오고 있다.

첫째 날

이를 잡아채서 터널 안으로 끌고 들어가서 먹는단다. 다 먹고 난 먹이 찌꺼기는 터널 밖에다 버려. 그래서 이 녀석들이 사는 곳을 보면 좀 지저분하다는 생각이 들지.

영서: 아파트 화단에서 그런 거미그물을 본 적이 있어요. 그게 들풀거미의 집이었구나.

새벽들: 타래풀거미도 비슷한 집을 지어. 들풀거미는 집도 잘 짓지만 알주머니도 정말 환상적이란다. 어떻게 이런 알주머니를 만들 수 있는지……. 멋진 도공 같아.

영서: 도자기를 만드는 도공이요?

새벽들: 응. 도공은 흙으로 작품을 만들고 들풀거미는 거미줄로 작품을 만들고.

들풀거미는 알주머니를 나뭇잎 따위로 붙여 놓아서 천적의 눈에 잘 띄지 않게 감쪽같이 위장해 놓지. 위장한 부분을 조심스럽게 벗기면 하얀 천막 같은 것이 보이는데 그 안에 하얀색 다면체의 알주머니가 들어 있어. 알주머니 안에서 깨어난 어린 들풀거미는 그 안에서 겨울을 보내지. 겨울이나 이른 봄에 들풀거미의 알주머니를 들여다보면 어린 들풀거미들이 잔뜩 들어 있단다.

영서: 들풀거미의 검은 줄무늬가 참 멋져요. 그런데 이 구멍들은 뭔가요? 아주 많은데요? 저기 국기 게양대 뒤쪽 벽에도 있던데. 거미가 만든 거 맞죠?

새벽들: 꼭 터널처럼 생겼지? 저 터널 안쪽 깊숙한 곳에 거미가 살고 있어. 온몸이 시커멓게 생긴 아주 멋진 거미야. 바로 한국깔때기거미라고 부르는 녀석이란다.

깔때기 알지? 녀석이 만든 터널 같은 그물이 깔때기 모양이어서 깔때기거미라는 이름이 붙었어. 이 녀석은 세계에서 오직 우리나라에만 살아. 만약 거미를 연구하는 외국의 학자가 이 거미를 만나고 싶

한국깔때기거미 수컷

으면 꼭 우리나라에 와야 한단다. 여긴 이렇게 많은데 말이지.

영서: 깔때기라는 이름이 좀 우습지만 어떻게 생겼는지 궁금해요.

새벽들: 잠깐만, 옳지, 여기 있다. 이 나뭇가지로 터널 안을 살짝 건드려 보렴. 아마 거미가 나올 거야. 함부로 나뭇가지를 휘저으면 안 돼. 거미그물이 망가지지 않게, 또 안에 있는 거미가 다칠 수 있으니까 조심스럽게 넣어 보자.

영서: 와, 나와요! 진짜 시꺼멓게 생겼네요. 좀 무서워요. 독니도 엄청 커요.

새벽들: 자세히 들여다보렴. 잘 보면 이 녀석이 얼마나 멋진지 알 거야. 온몸이 까만색이라고 했지만 햇빛을 받으면 멋진 검은 갈색으로 보이지. 더듬이다리를 보니 수컷이구나.

영서: 정말이네요. 권투 선수가 두툼한 장갑을 낀 것 같아요.

새벽들: 한국깔때기거미는 더듬이다리 모양만 빼면 암수가 비슷하게 생겼어. 산이나 들판에서도 살고 사람들이 사는 집 둘레에서도 찾을 수 있어. 어두운 곳을 좋아해서 담장 틈이나 바위 아래나 죽은 나무 속 같은 그늘진 곳에서 살아.

한국깔때기거미가 그물 입구에 나와서 먹이를 기다리고 있다.

한국깔때기거미 허물

거미그물 입구에 붙어 있는 한국깔때기거미 허물

영서: 왜 바위나 나무 틈에다 그물을 만들까요?

새벽들: 틈 안쪽에 있는 그늘에서는 거미가 쉬거나 생활하거든. 땅 위로 드러난 그물은 사냥터야. 낮에는 터널 안쪽에서 쉬면서 지내다가 밤이 되면 터널 밖으로 나와서 먹이가 걸리길 기다리지. 입구에 깔때기 모양의 그물을 넓게 펼쳐 놓고 다리를 걸쳐 놓고서 말이야. 먹이가 그물에 걸리면 쏜살같이 달려가서 순식간에 잡아 버린단다.

영서: 한국깔때기 거미가 사냥하는 걸 보고 싶어요. 주변에서 쉽게 찾을 수 있을까요?

새벽들: 우리 주변에서 살긴 하지만 낮에는 터널 안에서 지내기 때문에 거의 보기가 힘들어. 대신에 이 거미가 만들어 놓은 거미그물은 쉽게 찾을 수 있어. 가끔 거미그물에 허물이 붙어 있기도 해서 거미가 터널 안에서 살고 있다는 걸 알 수 있지.

영서: 이건 알주머니 같아요.

새벽들: 알주머니가 맞네. 예전에 무정란 알주머니를 살짝 열어 본 적이 있어. 거미를 키우다 보면 종종 암컷이 수컷과 짝짓기를 하지 않고 무정란을 낳는 경우가 있지. 무정란이기 때문에 아기 거미는 태어나지 않아. 동그란 주머니 안에 옅은 노란빛의 알이 가득 들어 있었어. 암컷은 알주머니를 주변에 있는 나무 부스러기나 먼지 따위로 위장해 놓는단다.

영서: 이런 거미들이 우리 주변에 산다는 게 신기해요. 어, 저것도 거미 같은데……. 저기 꽃밭에 거미가 기어가고 있어요.

새벽들: 맞네. 늑대거미 같은데, 자세히 좀 볼까? 별늑대거미로구나.

한국깔때기거미 알주머니.
옅은 노란빛의 탱글탱글한 알들이 들어 있다.

영서: 별늑대거미요? 어디에 별이 있어요?

새벽들: 이 거미의 학명(생물에게 붙이는 세계 공통 이름으로 라틴 어로 되어 있다.)이 '별 모양으로 반짝이는 빛'이라는 뜻이라서 별늑대거미라는 예쁜 이름이 붙었지. 가장 흔히 볼 수 있는 거미가 바로 이 별늑대거미일 거야.

별늑대거미는 겨울잠을 자고 깨어나는 이른 봄부터 볼 수 있어. 2월 말쯤 볕이 좋은 날에 집 둘레나 낙엽이 쌓인 숲길에 많아. 물론 학교 꽃밭에도 아주 많지.

영서: 그러고 보니 어디서 본 것 같다 했는데, 할아버지 산소에 갔을 때 이 거미를 봤어요. 정말 많았거든요. 그런데 왜 늑대거미라고 했을까요? 늑대처럼 무서운가요?

새벽들: 글쎄. 아마 늑대처럼 사냥을 하는 거미라서 늑대거미라고 했을 거야. 거미는 거미그물을 만드는 정주성 거미와 거미그물을 만들지 않고 돌아다니면서 사냥을 하는 배회성 거미로 나눈다고 했지? 늑대거미는 배회성 거미야. 하지만 늑대처럼 떼를 지어 다니면서 사냥을 하진 않아. 거미들은 집단생활을 하지 않고 혼자 살거든.

영서: 이렇게 생긴 거미들이 되게 많던데, 늑대거미라는 이름을 가진 거미들이 많은가요?

새벽들: 아주 많지. 이름도 생김새도 제각각이지만 자꾸 보다 보면 늑대거미만의 특징이 보일 거야. 이 참에 늑대거미 가족들을 소개해야겠구나.

먼저 제주도와 남쪽 지방에 많이 사는 <u>제주늑대거</u>

별늑대거미

미를 소개할게. 아쉽게도 중부 지방에서는 보기 힘들지만 참 멋진 늑대거미란다.

암컷과 수컷이 조금 다른데 모두 머리가슴부에 넓은 띠무늬가 있어. 머리가슴부는 거미 몸을 나눌 때 앞부분을 말한다는 건 알고 있지? 거미는 곤충과 다르게 머리가슴부가 붙어 있지. 이 거미는 몸이 아주 큰 편이야. 우리나라에 사는 늑대거미 가운데 가장 큰 녀석은 땅늑대거미고, 그 다음이 제주늑대거미와 당늑대거미라고 할 수 있단다.

영서: 땅늑대거미는 얼마나 큰데요?

새벽들: 땅늑대거미 암컷은 몸길이가 20밀리미터쯤 돼. 다리 사이의 거리를 재어 보면 꽤 크겠지?

이 거미의 이름에 땅 자가 붙은 것은 암컷이 굴을 파서 그 안에서 살기 때문이야. 굴 안에서 알도 낳지. 하지만 몇몇 늑대거미들도 땅늑대거미처럼 굴을 파고 들어가 살기 때문에 땅늑대거미만 굴을 파고 산다고 생각하면 안 돼.

땅늑대거미는 산이나 들판이나 가끔 논 같은 데서 볼 수 있어. 배회성 거미답게 돌아다니면서 사냥을 해. 이따금씩 돌이나 나무 기둥 아래나 땅속에 굴을 만들기도 하지. 그 안에 숨어 있다가 굴 입구를 지나가는 먹이를 잡아먹기도 하거든.

영서: 마치 사냥꾼 같아요. 더듬이다리도 빨간 게 싸움꾼 같기도 하고요.

새벽들: 더듬이다리를 보면 땅늑대거미라는 걸 한번에 알 수 있겠지? 자세히 보면 붉은빛이 아래에서부터 점점 진해지는 게 보일거야.

영서: 자세히 보니까 땅늑대거미는 멋쟁이네요.

새벽들: 하하하, 그렇지? 당늑대거미도 멋지단다. 아까도 말했지만 크기로 따지면 제주늑대거미와 더

제주늑대거미 암컷

땅늑대거미 암컷

제주늑대거미 수컷

땅늑대거미는 더듬이다리가 붉다

불어 우리나라 늑대거미의 2인자라고 할 수 있지. 게다가 이 녀석은 쉽게 볼 수 없기 때문에 거미를 연구하는 사람들이나 거미를 키우는 사람들이 정말 보고 싶어 하는 거미야.

영서: 이름에 들어 있는 당은 무슨 뜻이에요?

새벽들: 이 거미의 이름은 거미 연구가 백갑용 선생님이 지으신 거야. 정확한 뜻은 알 수 없는데, 중국에 많이 사는 늑대거미라는 뜻으로 당나라의 당 자를 붙이신 게 아닐까 싶어. 중국에 많이 사는 생물 이름에 주로 당 자를 붙이거든.

영서: 그런데 이 거미는 왜 보기가 힘들어요?

새벽들: 숫자가 적어서 그래. 산지 풀밭이나 초원이나 논밭에서 돌아다녀서 관찰하기가 쉽지 않아 이 거미에 대해 알려진 것도 별로 없어. 근데 이 거미를 키우는 사람들은 당늑대거미에게 독특한 습성이 있다고 해.

영서: 독특한 습성이요?

새벽들: 응. 낮에는 굴을 파고 그 안에서 지내는데, 신기하게도 모래나 흙 알갱이 따위를 거미줄로 엮어서 입구를 덮는대.

영서: 문을 만드는 건가요?

새벽들: 그런 셈이지. 원시거미 가운데 문닫이거미라고 있어. 이 거미는 문을 열고 닫을 수 있게 만든단다. 당늑대거미는 거기까지는 아니고 단순하게 입구를 막는 거지만 독특한 습성이지. 아직 원시거미의 습성이 남아 있으니까.

영서: 당늑대거미는 수줍음이 많은가 봐요. 아니면 적이나 먹이에게 들키지 않으려고 그러는 건가요?

새벽들: 그럴 수도 있겠지. 이번에는 좀 재미있는 이름을 가진 늑대거미들을 알려 줄게. 안경늑대거미부터 시작할까? 이 녀석은 암컷의 외부생식기가 안경처럼 생겨서 안경늑대거미라는 이름이 붙었어.

땅늑대거미처럼 굴을 파고 사는데 그렇게 깊지는 않고 자기 몸이 들어갈 만큼만 파고 산대. 산이나 들판에서 사는데 특히 햇살이 좋은 날 무덤에 가면 이 거미를 많이 볼 수 있을 거야.

촌티늑대거미도 굴을 파고 살아. 암컷은 알을 낳으면 실젖에 알주머니를 매달고 다니지. 늑대거미들은 이렇게 알주머니를 만들어서 배에 붙이고 다니면서 보호한단다.

흰무늬늑대거미는 이름 그대로 몸에 하얀 무늬가 많은 거미야. 산이나 풀밭이나 습지에 살지.

일본늑대거미는 등에 특이한 무늬가 있단다. 'ㅅ'자 같기도 하고 한자의 여덟 팔(八)자 같기도 하지. 그런데 암컷만 이런 무늬가 있어. 수컷은 머리가슴부터 배 끝까지 하얀색 띠무늬가 있는데, 처음엔 암컷과 수컷이 서로 다른 거미인 줄 알았지.

흰털논늑대거미는 논에서 많이 볼 수 있어.

적갈논늑대거미는 이름처럼 몸이 붉은 갈색이야. 논밭이나 강가나 습지에서 돌아다니며 사는 거미야.

들늑대거미는 이름만 들으면 들판에 많이 살 것 같지만 들판보다는 습지에서 많이 살지.

황산적늑대거미는 이름만 들으면 산적처럼 산에서 살아야 할 것 같은데 연못이나 물가에 많이 살아. 사는 곳을 보면 산적보다는 해적이 더 어울릴 것 같구나.

양산적늑대거미도 물가에 많이 살아. 양은 대서양, 태평양 같은 넓은 바다에 쓰이는 낱말이지. 이 거미도 해적늑대거미란 이름이 더 어울리는 것 같아.

광릉논늑대거미는 경기도 광릉에서 처음 채집해서 붙은 이름이야. 광릉은 조선의 7대 임금인 세조의 무덤이지. 이 거미는 머리가슴부 가운데에 플라나리아 모양의 무늬가 있어.

논늑대거미는 들늑대거미와 비슷해서 종종 헷갈리

당늑대거미. 배에 독특한 무늬가 있다.

안경늑대거미

촌티늑대거미

애거미들을 업고 있는 촌티늑대거미 암컷

흰무늬늑대거미

일본늑대거미

흰털논늑대거미

적갈논늑대거미

짝짓기를 하고 있는 적갈논늑대거미 암수

첫째 날 **41**

는 거미야. 언젠가 폐허가 된 염전에 많이 사는 걸 봤지.

좀늑대거미는 늑대거미 가운데서 몸이 조금 작아. 몸이 작으면 이름에 좀을 붙이곤 해. 좀사마귀처럼 말이지. 100원짜리 동전과 비교해 보면 그 크기를 짐작할 수 있을 거야.

영서: 와, 늑대거미가 정말 많아요. 그런데 한꺼번에 많이 보니까 뭐가 뭔지 잘 모르겠어요. 거미들이 제 머릿속에서 막 돌아다니는 거 같아요. 그 거미가 그 거미 같고……. 이렇게 거미가 많은 줄 몰랐어요.

새벽들: 머릿속에서 거미가 막 돌아다닌다니 큰일이네, 하하하. 오늘 여행은 여기서 끝내기로 하자. 여행 첫날부터 힘들고 어려우면 또 가고 싶지 않을 테니까. 여행이 신나고 재미있어야지, 안 그래? 오늘 저녁에는 푹 쉬고 내일 다시 만나자. 안녕.

들늑대거미 암컷이 알주머니를 매달고 있다.

들늑대거미 암컷이 애거미들을 업고 있다.

황산적늑대거미

양산적늑대거미

광릉논늑대거미 암컷

광릉논늑대거미 수컷

광릉논늑대거미 암컷이 알주머니를 매달고 있다.

논늑대거미

광릉논늑대거미 애거미들이 엄마 등에서 떨어지지 않으려고 서로 꼭 붙들고 있다.

좀늑대거미

좀늑대거미 암컷

광릉논늑대거미 애거미

거미 관찰 여행 둘 째 날

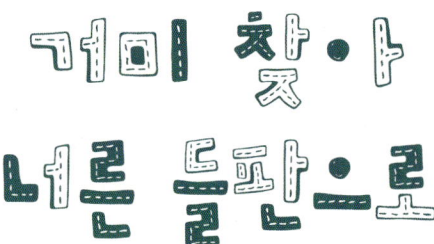
거미 찾아 너른 들판으로

(새벽들 아저씨와 영서가 꽃이 핀 들판을 걷고 있다.)

영서: 오늘은 어디로 갈 거예요?
새벽들: 오늘은 길 따라 들판으로 나가 보자. 들에도 여러 거미들이 살고 있거든.
영서: 어, 여기 좀 보세요. 노란 꽃에 거미가 한 마리 앉아 있는데요?
새벽들: 오, 이젠 거미를 제법 잘 찾는구나. 어디 보자, 각시꽃게거미구나. 각시란 새색시를 뜻하지. 얼마나 예쁘면 갓 결혼한 새색시라는 이름을 붙였을까? 노란색 꽃술을 헤치고 나오는 모습이 마치 새색시가 이른 아침에 햇살 가득한 창문을 살짝 열고 밖을 내다보는 것 같구나.
영서: 아저씨가 넋을 잃으신 것 같아요, 헤헤.
새벽들: 하하하, 그래 보였니? 속내가 들통 난 기분이네.
영서: 거미가 꽃에도 있을 줄 몰랐어요. 거미가 꽃도 먹어요?

새벽들: 거미는 육식 동물이라서 꽃은 안 먹어.
영서: 그럼 꽃 속에서 뭘 하는 걸까요? 예전에 호랑꽃무지를 봤는데요, 꽃 속에 파묻혀서 정신없이 꽃가루를 먹더라고요. 온몸이 샛노랗게 물드는 것도 모르고요.
새벽들: 호랑꽃무지를 아는구나. 호랑꽃무지는 꽃을 정말 좋아하지. 꽃 속에서 짝짓기도 하고 말이야. 꽃하늘소도 꽃을 아주 좋아해. 꽃이 피는 계절이면 꽃 밥상을 가득 차려 놓고 한바탕 잔치를 벌인단다. 어떤 애는 꽃술을 먹고, 어떤 애는 꽃잎을 먹고, 또 어떤 애는 꽃꿀을 먹고. 다들 정신없이 먹고 먹고 또 먹지.
영서: 아하, 이제야 알겠다. 거미가 꽃 속에 있다가 그 곤충들을 잡아먹는 거죠?
새벽들: 이야, 추리력이 대단한데?
영서: 헤헤, 꽃 속에 앉은 거미를 보면서 아저씨 얘기를 듣고 있으니까 거미가 그럴 것 같더라고요.
새벽들: 이젠 거미의 마음까지 읽다니. 거미 도사가 되었구나, 하하하.

각시꽃게거미. 꽃게거미와 달리 목홈이 또렷하다.

호랑꽃무지

긴알락꽃하늘소

짝짓기를 하고 있는 호랑꽃무지

작은 거미를 잡은 꽃게거미

영서: 우와, 요 녀석은 자기 몸보다도 큰 잠자리를 먹으려고 해요.

새벽들: 거미의 독니에 한번 물리면 거미보다 큰 잠자리라도 꼼짝 못하지. 게거미들은 꽃 속에 숨어 있다가 꽃을 먹으러 오는 곤충을 잡아먹고 산단다. 다리를 벌리고 있는 모습이 갯벌에 사는 게를 닮았다고 게거미라고 해.

영서: 그럼 이 거미도 게처럼 옆으로 걷나요?

새벽들: 옆으로 걷기도 하고 앞으로 걷기도 해. 어떨 때는 뒤로 살금살금 걷기도 하고. 갯벌에 사는 게보다는 훨씬 더 잘 걷지. 여기 비슷한 거미가 또 있네. 이 거미는 그냥 꽃게거미라고 해.

영서: 꽃게거미요? 제가 보기엔 각시꽃게거미랑 똑같이 생겼는데…….

새벽들: 꽃게거미는 각시꽃게거미와 아주 비슷하지. 머리가슴부를 한번 보렴. 머리와 가슴을 연결하는 부분에 희미하게 홈이 보이니? 이 부분을 '목홈'이라고 해. 거미는 머리가슴부가 하나이긴 한데 이 목홈을 기준으로 앞쪽을 머리, 뒤쪽을 가슴이라고 나누어서 부르기도 해. 각시꽃게거미와 꽃게거미는 바로 이 목홈이 달라.

영서: 각시꽃게거미는 이 목홈이 또렷해요. 그런데 꽃게거미는 목홈이 안 보여요.

새벽들: 아주 잘 봤어. 잘 들여다보면 작은 차이도 찾을 수 있단다.

영서: 그런데요, 이렇게 작은 목홈이라는 것까지 봐야 하나요? 몸 색깔이랑 무늬를 보면 어떤 거미인지 알 수 있잖아요.

실잠자리를 잡은 꽃게거미

꽃게거미 암컷과 수컷. 작은 것이 수컷이다.

꽃게거미 암컷

꽃게거미 수컷

알주머니를 지키는 꽃게거미 암컷

새벽들: 물론 몸에 있는 무늬나 색으로 거미들을 구분하면 쉽지. 그런데 이름이 같은 거미라도 색과 무늬가 다를 수도 있거든. 처음엔 어렵지만 자꾸 보다 보면 자연스럽게 작은 차이들이 보일 거야.

영서: 휴, 지금은 목홈도 어려운걸요.

꽃게거미 애거미들

실젖과 항문의 자리

영서: 참, 어제 거미줄이 나오는 곳을 실젖이라고 하셨잖아요. 그럼 실젖에서 똥도 나오나요?

새벽들: 아니, 실젖과 항문은 달라. 여기를 한번 보렴. 거미줄이 나오는 곳은 실젖이고 똥이 나오는 곳은 항문이야.

영서: 거미의 똥은 하얀 물감 같아요.

새벽들: 거미는 새처럼 오줌과 똥이 한 곳에서 나와서 그래.

영서: 이제 실젖과 항문을 확실하게 알겠어요.

항문은 배의 끝에 있다.
거미줄이 나오는 자리에 실젖이 있고,
물감 같은 똥이 나오는 자리에 항문이 있다.

새벽들: 그럼 다시 거미를 보러 갈까? 각시꽃게거미 같은 게거미들을 보여 줄게. 숲으로 조금 들어가 보자. 꽃 속도 들여다보고 꽃잎과 나뭇잎 뒤도 잘 살펴보렴. 몸을 조금 낮추고 마음을 활짝 열면 거미들이 훨씬 잘 보일 거야. 자연은 마음을 연 사람들에게 자신의 비밀을 드러내거든.

영서: 여기에 온몸이 우둘투둘한 녀석이 있어요.

새벽들: 사마귀게거미 암컷이야. 사마귀 같은 돌기가 많이 나 있고, 새똥처럼 위장하는 거미지. 이상하게도 수컷은 거의 볼 수가 없어.

불짜게거미도 여기 있네. 이 녀석들은 몸빛이 붉은 것과 검은 것이 있어. 배에 한자로 아니 불(不) 자 모양이 있다고 불짜게거미라고 해.

거미의 똥

사마귀게거미의 항문에서 똥이 나오고 있다.

게거미과의 거미들

곰보꽃게거미 암컷

곰보꽃게거미 수컷

나무껍질게거미 암컷. 몸이 나무껍질 같다.

나무껍질게거미 수컷

중국연두게거미 수컷. 막 허물을 벗었다.

중국연두게거미 암컷. 줄연두게거미와 비슷하게 생겼지만 배에 노란색 테두리가 있다.

중국연두게거미 수컷의 허물

참범게거미 수컷

사마귀게거미 암컷

북방게거미

영서: 어제부터 마음을 다 열어 놓았더니 자연이 비밀을 보여 주려는지 게거미들을 실컷 봤네요, 헤헤. 여기 거미가 한 마리 더 있어요. 게거미와는 조금 다른 것도 같아요. 이쪽이요. 어, 어디로 갔지? 금세 사라져 버리다니. 분명히 여기에 있었는데……. 아, 요 녀석이 여기 숨었구나. 나무껍질 사이에 있으니까 못 알아보겠어요.

새벽들: 새우게거미과의 거미들은 몸빛이 나무껍질과 거의 똑같아서 찬찬히 보지 않으면 거미가 있는지조차 모른단다.

영서: 새우게거미요? 새우와 게요?

새벽들: 응. 게거미와 비슷한데 조금 달라. 게거미들은 앞의 두 다리가 다른 다리에 비해 아주 길어. 마치 게의 집게발 같단다. 새우게거미들은 게거미과의 거미들과 달리 앞의 두 다리가 그렇게 길지 않아. 그리고 새우게거미들은 무늬나 색만으로 구분하기 힘든 거미들이 아주 많지. 거미에 따라, 사는 환경에 따라 몸의 색은 얼마든지 달라질 수 있거든. 변이도 많고.

영서: 변이요? 그게 뭐예요?

새벽들: 쉽게 말하면, 같은 거미인데 사는 곳에 따라 색이나 무늬가 달라져서 다른 거미처럼 보이는 거야. 좀 전에도 말했지만, 많이 보다 보면 거미마다 다른 특징이 보일 거야.

영서: 보고 또 보고 다시 보고 자꾸 봐야겠어요.

새벽들: 새우게거미과 가운데에 배에 창 모양의 무늬가 있는 창게거미 삼총사가 있어. 한국창게거미, 일본창게거미, 중국창게거미가 있는데 많이 닮아서 구분하기가 어려워. 한국창게거미는 창 모양의 무늬 아래쪽에 한 쌍의 점무늬가 있고, 중국창게거미는 삼각형 무늬가 있는 점이 다르단다.

영서: 비슷하지만 들여다보니까 조금씩 다르네요.

새우게거미과의 거미들

나무결새우게거미 암컷

갈새우게거미 암컷

갈새우게거미 수컷

흰새우게거미

금새우게거미

어린 북방새우게거미

황금새우게거미

일본창게거미 암컷

일본창게거미 수컷

중국창게거미 암컷

새벽들: 물도 마실 겸 잠깐 쉬어 가자. 저기 나무 옆에 있는 편평한 바위가 좋겠다. 나무가 우거져서 시원하겠어.

영서: 아, 시원하다. 여기서 마시니까 물도 맛있어요. 나무마다 나뭇잎 모양도 제각각이에요. 저 나뭇잎은 벌레가 거의 다 먹어 버렸어요. 어, 그런데 저 빨간 점은 뭐지? 거미잖아.

새벽들: 어디? 정말이네. 이젠 거미 찾기의 달인이 다 되었네, 하하하. 나뭇잎 위에 앉아 있으니까 주홍빛이 눈에 확 띄는구나. 이 녀석은 사층깡충거미라는 특이한 이름을 가진 거미야. 거미의 배에 있는 줄무늬 네 개가 보이니? 줄무늬가 네 층이라고 사층깡충거미란다.

영서: 사층깡충거미의 눈을 보니까 머리에 왕관을 쓴 것 같아요. 근데 이 거미는 개구리처럼 뛰어다니네요.

새벽들: 그래서 깡충거미라고 부르는 거야. 사층깡충거미는 산속 풀밭이나 나뭇잎에서 볼 수 있어. 냇가에도 돌아다니지. 습한 곳을 좋아한다고 알려져 있어.

암컷이 수컷보다 아주 조금 크단다. 크기보다는 색으로 구분하는 게 훨씬 쉬워. 이 녀석처럼 머리가슴부에 주황색 띠무늬가 또렷한 게 수컷이야. 머리가슴부 뒤쪽에도 양쪽에 한 개씩 하얀 점무늬가 있어.

중국창게거미 수컷

한국창게거미 암컷

둘째 날 **51**

깡충거미들은 암컷보다 수컷이 더 화려하단다. 나는 이 녀석을 보면 오색딱따구리가 생각나. 오색딱따구리 수컷의 머리 뒷부분도 빨갛거든.

영서: 깡충거미는 진짜 귀여워요.

새벽들: 눈이 정말 귀엽지? 멋쟁이눈깡충거미를 보면 정말 좋아하겠구나.

영서: 멋쟁이눈깡충거미요? 어떻게 생겼는데요? 보고 싶어요, 빨리요.

새벽들: 이쯤 어딘가에 있을 것 같은데……. 역시, 여기 있다.

영서: 우와, 정말! 선글라스를 낀 것 같은데요?

새벽들: 먹이를 잡을 땐 위로 깡충 뛰어서 잡아. 산속에서도 살고 논밭에서도 살지.

영서: 제 발 앞에 거미가 한 마리 있어요. 더듬이다리가 흰색이에요.

새벽들: 산길깡충거미 수컷이구나.

이 거미는 산길에서 자주 보인다고 산길깡충거미라고 불러. 자연 상태에서는 암컷보다 수컷이 눈에 잘 띄지. 암컷은 별다른 특징이 없어서 다른 깡충거미 암컷들과 구별이 잘 안 돼. 특징이 별로 없으니까 숨기도 쉬워. 저렇게 풀숲에 웅크리고 있으면 얼핏 봐서는 안 보이지.

멋쟁이눈깡충거미 수컷

거미줄을 뽑고 있는 멋쟁이눈깡충거미

사층깡충거미

산길깡충거미 수컷

오색딱따구리

산길깡충거미 암컷

영서: 그런데 여기 사는 개미는 집에서 보던 개미와 다르게 생겼어요. 이 개미는 등에 가시가 있어요. 마치 가시 허리띠를 차고 있는 것 같아요. 여기에는 개미들이 우글우글해요.

새벽들: 가시 허리띠라……. 재미있는 표현인데? 이름도 가시개미야. 여기 바글바글 모여 있는 개미들은 극동혹개미란다.

영서: 이 개미는 몸통이 길어요. 머리도 크고요. 그런데 이상해요. 다리가 여덟 개예요. 개미는 다리가 여섯 개잖아요. 그럼 혹시 이 녀석은 거미?

새벽들: 잘 봤어. 개미하고 많이 닮았지만 거미란다. 불개미거미라고 해.

영서: 개미하고 똑같이 생긴 개미 거미야, 넌 왜 개미 흉내를 내는 거니?

새벽들: 하하하, 개미 흉내를 내면 뭔가 이로운 게 있지 않을까?

영서: 개미 흉내를 내면서 개미를 잡아먹으려는 게 아닐까요?

새벽들: 그래, 개미 흉내를 내어 개미굴로 들어가서 개미들을 잡아먹는다고 말하는 사람도 있어. 하지만 개미가 그렇게 어리석지는 않을 것 같아. 그보다는 천적인 새를 속이려고 개미 흉내를 내는 게 아닐까? 개미는 공격을 받으면 개미산이라는 물질을 쏜단다. 그래서 새들도 잘 안 먹거든.

영서: 그럴 수도 있겠네요. 새가 거미를 먹는다는 생각은 하지 못했어요.

극동혹개미

가시개미. 가슴 색이 붉다.

개미와 닮은 불개미거미 암컷

불개미거미 수컷

둘째 날 53

거미의 천적

새벽들: 새끼를 키우고 있는 새들은 거미에게 아주 무서운 천적이지. 아기 새에게 거미는 아주 맛 좋은 영양식이거든. 개구리나 두꺼비 같은 양서류도 거미를 좋아해. 지네도 그렇고.

곤충 중에는 대모벌들이 천적이라고 할 수 있어. 대모벌은 거미를 마취시켜서 자기 집에 끌어다 놓고 그 위에 알을 낳아. 알에서 부화한 새끼들은 마취된 거미를 먹고 자라지.

거미의 알주머니 안에서 기생벌인 맵시벌이 들어 있는 걸 본 적이 있어. 어떻게 알주머니에 벌이 들어갔는지는 모르지만, 거미의 알주머니에서 맵시벌이 알을 낳은 것 같아. 알에서 깨어난 애벌레는 거미의 알을 먹으면서 자라겠지. 알주머니 안에서 번데기를 거치고 날개돋이를 하고 나서 알주머니를 뚫고 나오는 거야.

노랑점나나니라는 벌도 거미의 무서운 천적이야. 노랑점나나니가 진흙으로 만든 집을 뜯어본 적이 있어. 손가락 한 마디밖에 안 되는 집 안에 열 마리도 넘는 거미들이 들어 있는 거야. 그 거미들은 모두 노랑점나나니 애벌레들의 먹이지. 벌들은 거미를 침으로 마비만 시키기 때문에 시간이 흘러도 거미가 썩지 않고 잠든 것처럼 말짱하단다.

영서: 귀여운 깡충거미까지…… 거미들이 불쌍해요.

새벽들: 거미도 곤충을 잡아먹기 때문에 곤충에게도 거미는 무서운 천적이야. 이렇게 먹고 먹히는 관계가 어떻게 보면 잔인하지만 이렇게 해서 생태계가 이어지는 거란다.

영서: 그래도 직접 보니까 오싹오싹해요.

새벽들: 그럴 수도 있지. 그러고 보니 영서가 거미를 많이 좋아하게 된 것 같네.

거미를 물고 있는 딱새

두꺼비

왕무늬대모벌이 황닷거미를 사냥해 끌고 가고 있다.

땅지네

아기늪서성거미 알주머니에서
나온 맵시벌

1~6 노랑점나나니 집 안에 깡충거미, 게거미, 서성거미가 들어 있다.

둘째 날 55

영서: 거미들을 보고 있으니까 꼭 친구가 된 것 같아요. 특히 깡충거미가 마음에 들어요. 집에 데려가서 키워도 되나요?

새벽들: 키워도 되겠지. 그런데 지금은 안 되고, 거미에 대해서 좀 더 알고 나서 키워도 늦지 않아. 거미가 예쁘다고 준비도 안 하고 거미를 데려간다면 키우는 사람에게도, 거미에게도 불행한 일이 될 수 있거든.

영서: 네……. 거미가 저와 친구가 되고 싶을 때까지 기다려야겠네요. 대신 깡충거미 얘기 좀 더 해 주세요.

새벽들: 좋아. 그럼 쉽게 찾아볼 수 있는 깡충거미들을 한번 죽 훑어볼까?

깡충거미과의 거미들

큰줄무늬깡충거미 수컷.
암컷은 아직 발견되지 않았다.

흰줄무늬깡충거미

엑스깡충거미.
암컷의 외부생식기가
X 모양이다.

배띠깡충거미.
배에 띠무늬가 있다.

왕어리두줄깡충거미.
몸에 줄무늬가 두 줄 있다.

줄무늬햇님깡충거미.
배 둘레에 U 모양의 흰 줄무늬가 있다.

하루살이를 잡은
검은날개무늬깡충거미

털보깡충거미 수컷

털보깡충거미 암컷.
노린재를 잡았다.

검은날개무늬깡충거미 수컷

검은날개무늬깡충거미 암컷

청띠깡충거미

몸집이 큰 왕깡충거미 암컷

왕깡충거미 수컷.
더듬이다리 하나가 잘렸다.

청띠깡충거미. 첫째 다리를
높이 치켜드는 습성이 있다.

어리개미거미 암컷.
개미거미와 비슷하다.

어리개미거미 수컷

초승달깡충거미 암컷.
머리가슴부에 초승달 무늬가 있다.

묘향깡충거미 암컷

살깃깡충거미 수컷

살깃깡충거미.
배에 화살의 깃무늬가 있다.

흰눈썹깡충거미 수컷

흰눈썹깡충거미 수컷.
눈 위의 하얀 무늬가 할아버지 눈썹 같다.

흰눈썹깡충거미 암컷.
머리가슴부에 흰 무늬가 둘러 있다.

어리수검은깡충거미 수컷. 머리가슴부에 여섯 개의 흰 무늬가 있다.

어리수검은깡충거미 암컷

수검은깡충거미 수컷

수검은깡충거미 암컷

여우깡충거미 수컷. 번개깡충거미라고도 한다.

다섯점마른깡충거미 수컷. 배에 다섯 개의 점무늬가 있다.

검은머리번개깡충거미 암컷

영서: 와, 깡충거미가 이렇게 많아요? 정신이 하나도 없어요.

새벽들: 나도 그래. 너무 많으니까 정신을 못 차리겠다. 그럼 오늘은 이만하고 내려갈까? 욕심 부리지 말고 천천히 보자꾸나. 시간을 넉넉히 잡아 꾸준하게 보면 거미와 더 가까워질 거야.

영서: 더 보고 싶기는 하지만 오늘은 그만 돌아가요. 어제는 좀 힘들었는데 오늘은 하나도 안 힘들었어요. 이렇게 멋진 거미들이 우리와 함께 살고 있다니 신기하기만 해요. 내일은 어디로 갈 거예요?

새벽들: 계곡으로 가 볼까 해. 계곡에도 멋진 거미들이 살고 있거든.

영서: 정말요? 계곡에 사는 거미들은 왠지 야생동물을 닮았을 것 같아요. 동네 애들과는 생김새가 다르지 않을까요? 헤헤. 그런데 아까부터 저기 나뭇가지 위에서 뭔가가 왔다 갔다 하는데 혹시 거미가 아닐까요?

새벽들: 하하하, 마음이 온통 거미에게 쏠려 있구나. 그럼 한 녀석만 더 보고 가자. 음, 정말 거미가 맞네.

영서: 와, 이 녀석은 몸에 가시가 돋았어요. 힘도 세 보여요.

새벽들: 아기스라소니거미란다. 스라소니거미들은 이렇게 가시 털이 나 있어.

영서: 스라소니요? 스라소니는 동물 이름 아닌가요?

새벽들: 맞아. 시라소니라고도 하는 고양잇과 동물이지. 우리나라 북부 지방에 살고 있다고 하는데, 멸종 위기 야생 동물이란다.

영서: 그런데 왜 스라소니라고 지었을까요?

새벽들: 글쎄, 온몸에 난 억센 가시 털 때문일까? 스라소니는 고양잇과 동물답게 온몸이 가는 털로 덮여 있는데…….

영서: 스라소니의 귀 끝에 난 털 때문이 아닐까요?

새벽들: 그럴 수도 있겠지. 내가 처음 이 거미를 봤

아기스라소니거미 암컷

아기스라소니거미 수컷

알주머니를 지키고 있는 아기스라소니거미 암컷

아기스라소니거미 애거미들

을 때 가장 눈에 띈 건 가시 털보다도 거미의 몸 색깔이었어. 밤색과 노란색과 검은색이 어우러진 몸 색에 마음이 사로잡혔거든. 아기스라소니거미는 몸에 밤색이 많다고 밤색스라소니거미라고도 불린단다. 몸 색이 스라소니와 비슷해서 이런 이름이 붙은 게 아닐까?

영서: 아니면 나무를 잘 타서요?

새벽들: 스라소니는 나뭇가지로 몸을 위장하는데 이 거미도 꽃이나 잎사귀에 숨어서 먹이를 기다리는 습성이 있어.

영서: 그러고 보니 이 거미가 스라소니와 닮은 점이 많네요. 왠지 이름처럼 사냥도 잘 할 것 같아요.

새벽들: 그렇지? 모성애도 강해. 예전에 이 거미를 키우면서 보니까 암컷이 알을 낳고 나면 절대로 알주머니 곁을 떠나지 않더라고. 어떻게 하나 보려고 알주머니가 붙어 있는 나무를 옆으로 치워 놓았는데 귀신같이 알아채고 바로 알주머니로 가서 넙죽 엎드린 채로 알주머니를 지키는 거야.

비슷한 거미로 낯표스라소니거미와 분스라소니거미가 있어. 낯표스라소니거미는 주로 남쪽에 많이 살고 분스라소니거미는 우리나라 어디에나 산다고 알려져 있어. 낯표라는 말은 사람의 낯, 얼굴을 말해. 이 거미의 암컷 외부생식기가 사람의 얼굴처럼 생겼다고 해.

분스라소니거미는 이름을 붙인 분이 돌아가셔서 그 뜻을 정확히 알 수는 없어. 생김새가 특이하고 아름다워서 분으로 단장한 거미라는 뜻이 아닐까 하고 추측만 할 뿐이지.

낯표스라소니거미

분스라소니거미 수컷

분스라소니거미 암컷. 알주머니를 지키고 있다.

영서: 어, 이 거미도 가시 같은 털이 엄청 많아요. 그런데 거미를 물고 있어요. 거미를 먹고 있나 봐요.

새벽들: 큰해방거미라는 애야. 이 거미도 온몸에 가시 같은 털이 많지.

영서: 해방이요?

새벽들: 해방이란 구속이나 억압에서 벗어난다는 뜻이지. 이를테면 우리나라가 일본의 식민지에서 벗어난 것을 해방이라고 한단다.

영서: 그 해방이랑 이 거미랑 무슨 상관이 있는데요?

새벽들: 이 거미는 거미그물을 만드는 정주성 거미인데 그물 안에 있기보다는 돌아다니기를 좋아해. 그래서 붙인 이름이야. 돌아다니다가 다른 거미가 만들어 놓은 그물에 들어가서 주인 거미를 잡아먹기도 하지. 지금 본 것처럼 돌아다니는 거미를 잡아먹기도 하고. 말하자면 거미 사냥꾼 거미란다.

영서: 무서운 거미네. 거미 사냥꾼 거미라니.

새벽들: 밤에 활동하는 야행성 거미인데 가끔은 아침이나 낮에도 볼 수 있어.

영서: 큰해방거미도 멋있어 보여요. 갑자기 마음이 흔들려요. 깡충거미를 키울까, 스라소니거미를 키울까, 아니면 해방거미를 키울까…….

새벽들: 어어, 그만, 그만. 아까도 말했지만 거미에 대해 더 많이 알게 된 다음에, 거미를 더 많이 사랑하게 된 다음에 그 때 키워도 늦지 않아.

영서: 그 때가 언제인데요?

새벽들: 때가 되면 스스로 알 수 있어. 관심을 가지고 보면 자연의 비밀을 엿볼 수 있단다. 오늘은 자연의 문을 여는 문고리를 처음 잡은 날이라고 할 수 있지. 너는 어땠니?

영서: 거미도 보고, 함께 살고 있는 곤충들도 볼 수 있어서 더 재밌었어요. 들판을 헤매고 다니는 게 이렇게 재미난 줄 몰랐어요.

새벽들: 하하하, 그럼 오늘은 여기서 마무리해도 되겠다. 푹 쉬고 내일 만나자. 안녕.

게거미를 잡아먹는 큰해방거미

거미 관찰 여행
셋 째 날

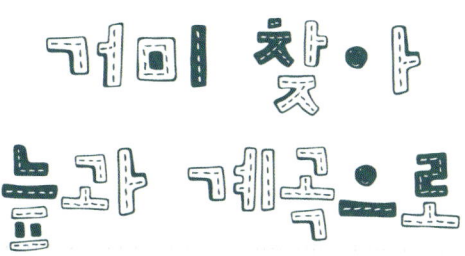

거미 찾아
늪과 계곡으로

(두 사람이 산지의 늪을 따라서 걷고 있다.)

새벽들: 천천히 둘러보자고. 산속의 늪에 사는 거미들이 꽤 있거든.

영서: 이것 보세요, 베짱이예요. 여치도 보이고. 귀여운 노린재도 있어요. 그리고 파리…… 아, 거미예요. 거미가 막 파리를 잡았어요.

새벽들: 아기늪서성거미구나. 늪서성거미들은 늪 같은 습지에 많아. 아기늪서성거미와 아주 비슷한 닻표늪서성거미가 있는데, 암컷의 외부생식기를 현미경으로 관찰해야만 둘을 구분할 수 있단다.

영서: 늪에서 서성거리는 거미라는 뜻이겠구나! 이름이 재밌어요. 여기에 거미가 또 있는데요, 둘이 되게 닮았는데 뭔가 달라요.

새벽들: 이 녀석도 아기늪서성거미란다. 이렇게 같은 종이면서 무늬나 색이 다른 경우를 변이라고 했지? 아기늪서성거미와 닻표늪서성거미는 변이가 많기로 유명해.

영서: 암컷인가 봐요. 알주머니를 물고 있어요.

새벽들: 암컷은 알주머니를 저렇게 물고 다니다가 부화할 때가 되면 풀잎 사이에 엉성한 육아 그물을 만들지. 알주머니를 그곳에 붙여 놓고 새끼들이 나올 때까지 지키고 있어.

영서: 알주머니 안이 어떤지 궁금해요.

새벽들: 그렇지? 예전에 알주머니 안을 본 적이 있어. 어미는 안 보이고 알주머니만 있더라. 궁금해서 안을 들여다보았더니 애거미들이 바글바글한 거야. 조그만 알주머니 안에 애거미들이 어찌나 많던지.

영서: 여기 꽤 큰 거미가 있어요.

새벽들: 이 녀석은 황닷거미란다. 원래 이름은 황닻거미였어. 배가 항구에 멈추면 움직이지 말라고 내리는 닻 알지? 이 거미 암컷의 외부생식기가 닻 모양이라서 그렇게 불렀지. 그런데 어느샌가 이름이 황닷거미로 바뀌었어. 몸 색깔이 누렇다고 그렇게 부르나 봐. 이 거미는 아기늪서성거미보다 변이가 더 많아. 같은 거미가 맞나 싶을 정도지.

아기늪서성거미

닻표늪서성거미

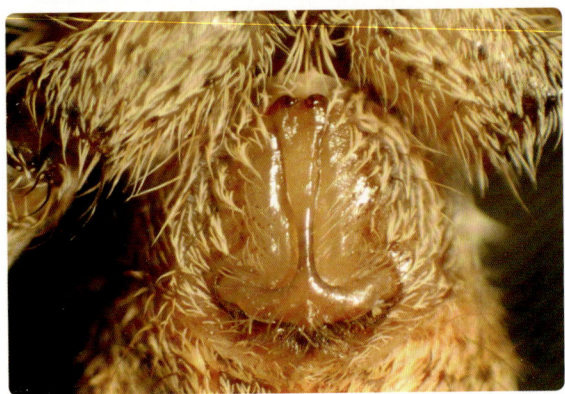
아기늪서성거미 암컷의 외부생식기

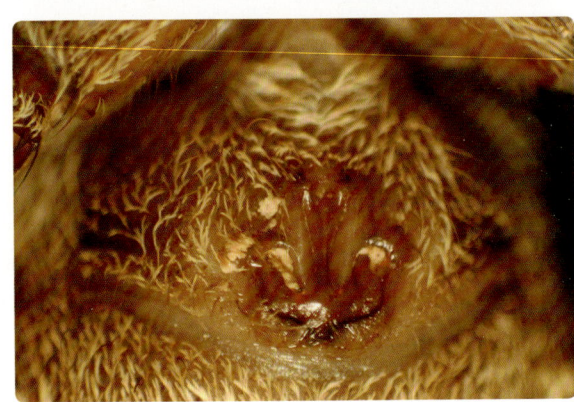
닻표늪서성거미 암컷의 외부생식기

알주머니를 물고 있는 아기늪서성거미 암컷

아기늪서성거미 애거미들.
옅은 살구색의 허물을 벗어 놓았다.

아기늪서성거미 암컷은
애거미들이 분산할 때까지 지킨다.

1~8 변이가 많은 아기늪서성거미들

영서: 황닷거미는 크니까 눈도 잘 보여요. 앞줄에 네 개, 뒷줄에 네 개, 모두 여덟 개네요. 그런데 눈 크기가 달라요.

새벽들: 오, 관찰력이 대단한걸? 거미를 구분할 때 눈의 배열과 크기를 보기도 해. 어려운 말로는 '눈차례'라고 하는데, 거미에 대한 책을 읽다 보면 눈차례라는 말이 자주 나오니까 기억해 두렴.

영서: 혹시 황닷거미가 낚시거미인가요?

새벽들: 오, 맞아. 어떻게 알았니?

영서: 거미 박사인 친구가 있는데요, 낚시를 하는 거미가 있다고 했거든요. 그때는 농담인 줄 알았는데, 이 거미를 보니까 왠지 낚시거미 같다는 생각이 들었어요.

새벽들: 거미 박사인 친구가 있다니 언제 한번 같이 오렴. 황닷거미는 자기 다리를 미끼처럼 물속에 담가서 물고기를 잡아먹는다고 알려져 있어. 물가에서 기다리다가 먹이를 덮쳐서 잡아먹기도 해. 엄청난 대식가여서 뭐든지 잘 먹는대. 곤충이나 작은 물고기, 올챙이에다 심지어 작은 개구리도 잡아먹어.

황닷거미의 눈차례

위턱으로 알주머니를 물고 있는 황닷거미 암컷

알주머니에서 나온 황닷거미 애거미들

귀뚜라미를 먹는 황닷거미

밀웜을 먹고 있는 황닷거미. 독니가 크다.

1~13 변이가 많은 황닷거미들. 몸길이가 22~30mm쯤 된다.

영서: 거미계의 먹방지존이네요.

새벽들: 하하하, 그 말이 정답이네.

영서: 이건 암컷 같은데요? 이건 알주머니고요.

새벽들: 암컷이 알주머니를 위턱으로 물고 다니는 거야.

영서: 혹시 이 거미는 황닷거미의 변이인가요?

새벽들: 요 녀석은 가는줄닷거미야. 황닷거미와 아주 비슷하지? 황닷거미보다 줄무늬가 또렷하다는데, 거미마다 달라서 구분이 쉽지는 않아.

영서: 와, 계곡이다. 우리 여기서 쉬었다 가요. 가재도 잡고 물고기도 잡고. 작은 물고기들이 아주 많아요. 송사리인가 봐요.

새벽들: 이 녀석은 버들치야. 이렇게 맑은 물에서는 송사리가 살지 않고 버들치가 살지.

영서: 어? 거미도 있어요. 이 돌 밑에요. 얼룩덜룩한 녀석이에요. 알주머니를 지키고 있는 건가요?

새벽들: 정선거미를 용케 잘 찾았네. 알주머니를 돌 밑에 붙여 놓고 꼼짝 않고 지키고 있으니까 찾기가 어렵거든. 강원도 정선이라는 곳에서 처음 발견되었는데 숫자도 적어서 보기 드문 거미지.

영서: 그래요? 천연기념물인가요?

줄무늬가 흐린 황닷거미

1

2

3

4

5

1~5 줄무늬가 뚜렷한 가는줄닷거미들

알주머니를 지키는 정선거미 암컷

알주머니에서 나온 정선거미 애거미들

애거미들을 지키는 정선거미 암컷

버들치 암컷

새벽들: 우리나라에서 천연기념물로 보호하는 거미는 물거미뿐이야. 천연기념물이 아니어도 모든 생명들은 다 똑같이 귀하단다.

영서: 저한테는 깡충거미가 조금 더 소중해요, 헤헤. 사람마다 천연기념물이 다 다를 것 같아요.

새벽들: 하하하, 그런가? 물속에 발 좀 담그고 가자. 아, 정말 시원하네. 여기 좀 앉아 보렴. 이야기 하나 해 줄게.

예전에 정선거미를 키운 적이 있어. 지금처럼 알주머니를 지키고 있던 거미였어. 집에 데리고 가서 예전에 살던 데처럼 터를 만들어 주고, 먹이도 주고, 열심히 길렀단다. 얼마 지나니까 알주머니에서 애거미들이 기어 나오는 거야. 어찌나 귀엽던지. 어미랑 똑같이 생겼더라.

어미와 애거미들은 별 탈 없이 2주를 지냈어. 그때까지 어미는 애거미들을 잘 지키고 있었지. 그런데 내가 며칠 동안 출장을 다녀오게 되었어. 일을 마치고 집에 돌아왔는데, 글쎄……

영서: 왜요, 무슨 일이 생겼어요?

새벽들: 사육장에 가 보니까 애거미들이 한 마리도 안 보이는 거야. 어미만 홀로 남아 있고.

영서: 어미만요? 애거미들은요?

새벽들: 나중에 안 사실인데 어미가 애거미들을 다 잡아먹은 거였어.

영서: 어미가요? 어떻게 그럴 수가…….

새벽들: 거미들은 배가 고프면 서로 잡아먹기도 하거든. 그래서 거미가 집단생활을 못하는 거야. 그때는 그걸 몰랐어. 어미와 애거미들을 떼어 놓았어야 했는데. 어미니까 당연히 애거미들을 돌보며 잘 지낼 거라고만 생각했지. 거미를 잘 알지도 못하면서 흥미롭다고 거미를 데려다 키운 게 얼마나 후회가 되던지…….

영서: 그래서 제가 거미를 키운다고 했을 때 막으셨던 거군요. 이제 알겠어요. 그런데, 말씀 중에 죄송한데요. 뭔가가 물 위를 막 뛰어가다 저 돌 밑으로 쏙 들어갔어요. 거미가 물 위를 걸을 수도 있어요? 혹시 저거 물거미 아니에요? 아저씨가 아까 말한 천연기념물이라는 거미요. 거미가 물 위를 막 걸어갔다니까요?

새벽들: 어디, 어디에 있다고? 정말이네. 물속에 잠겨 있네.

영서: 와, 물거미다!

새벽들: 하하하, 물거미는 아니고 물 위를 걸어 다니고 잠수도 하는 먹닷거미란다. 거미가 물 밖으로 나올 때 잘 보렴. 몸이 무슨 색인지.

영서: 검은색이네요. 아하, 그래서 먹닷거미구나. 몸이 먹처럼 검은색이어서. 그럼 이 거미는 황닷거미랑 친구겠네요? 같은 닷거미니까요.

새벽들: 이젠 거미 박사라고 해도 되겠는데? 하하하. 먹닷거미도 황닷거미처럼 암컷이 알주머니를 위턱으로 물고 다녀. 신기한 것은 알주머니를 물고 있다가 위험에 처하면 알주머니를 문 채로 잠수를 해. 알주머니에 방수 천이라도 씌워 놓은 것처럼 말이야.

먹닷거미. 물속에서는 거미의 몸과 물 사이에 얇은 막이 생겨서 몸이 은색으로 보인다. 얇은 막 속에 있는 산소로 숨을 쉬면서 두 시간쯤 잠수할 수 있다.

먹닷거미

먹닷거미 수컷. 머리가슴부 둘레에 흰 줄무늬가 있다.

알주머니를 물고 잠수하는 먹닷거미 암컷

알주머니에서 애거미들이 나오는 모습을 보면 놀랄 따름이야. 어떻게 저 많은 애거미들이 알주머니 하나에 다 들어 있는지.

애거미들은 잠시 같이 살다가 바람이 부는 날에 거미줄을 날리면서 자기가 살 곳으로 다들 떠나지. 그때부터는 누구의 도움 없이 혼자 살아가야 해. 애거미들이 바람에 거미줄을 날려서 이동하는 것을 유사비행이라고 한다고 했지? 유사비행은 바람이 부는 맑은 날 많이 한대. 혹시 경험해 봤는지 모르겠는데, 주변에 거미도 없는데 이상하게 거미줄 같은 게 얼굴에 붙는다고 느낀 적 있니?

영서: 그런 적이 있었어요. 놀이터에서요.

새벽들: 그게 바로 유사비행을 하려고 거미들이 바람에 날리는 거미줄이란다. 외국 사람들은 유사비행에 쓰는 거미줄을 신비롭게 여겨서 성모 마리아

알주머니에서 나오는 먹닷거미 애거미들

먹닷거미 알주머니 안에 림프들이 벗어 놓은 허물이 잔뜩 들어 있다.

의 머리카락이라고도 부른대.

영서: 먹닷거미도 정말 멋있어요. 이 녀석도 키워 보고 싶어요. 아무래도 거미 박물관을 지어야 할까 봐요. 헤헤.

새벽들: 늑대거미들 가운데도 물 위를 걸어 다니고 잠깐 잠수를 할 수 있는 거미들이 있어. 줄닷거미와 지리닷거미들은 먹닷거미처럼 오랫동안 잠수할 수 있고.

줄닷거미니까 몸에 줄무늬가 있겠지? 우리나라 닷거미들은 무늬나 색에 따라 이름을 붙인 게 많아. 색깔이 먹빛이면 먹닷거미, 황색이면 황닷거미 그리고 줄이 있으면 줄닷거미, 가는 줄이 있으면 가는줄닷거미라고 불러.

줄닷거미는 어둡고 축축한 곳을 좋아해서 물가의 바위틈이나 동굴의 벽면 같은 곳에서 살아. 거미그물을 만들지 않고 돌아다니면서 곤충이나 작은 물고기들을 사냥하지.

영서: 그럼 지리닷거미는요?

새벽들: 지리닷거미는 2012년에 지리산에서 처음 채집된 한국 고유종이야. '신종'으로 등록되기 전에는 산지성줄닷거미라는 이름으로 불리면서 관심을 많이 끌었단다.

영서: 신종이 무슨 뜻이에요?

새벽들: 신종은 온 세계에서 처음으로 발견한 생물에게 붙이는 거야. '미기록종'이라는 것도 있어. 다른 나라에는 예전부터 있었지만 우리나라에서는 처음으로 기록되었다는 뜻이야.

영서: 지리닷거미가 신종이라는 건 오직 우리나라에서만 산다는 거네요.

새벽들: 그렇지.

바람에 거미줄을 날리는 먹닷거미 애거미들

어미와 같이 사는 먹닷거미 애거미들

줄닷거미 수컷

줄닷거미 암컷

지리닷거미 암컷. 습한 곳을 좋아한다.

여러 가지 알주머니

영서: 근데요, 질문이 있어요. 거미들마다 알주머니 모양이 다 달라요? 늑대거미랑 닷거미는 동그란 알주머니를 입에 물고 다니고, 말꼬마거미는 알주머니가 씨앗 모양이었어요.

새벽들: 관심이 생기면 질문도 생기는 법이지. 뭐든 궁금한 게 있으면 주저 말고 물어 보렴.

늑대거미나 서성거미나 닷거미는 모두 알주머니가 동그래. 늑대거미는 알주머니를 실젖에 붙이고 다니고 서성거미나 닷거미는 위턱으로 물고 다니면서 보호한다는 게 다른 점이지. 물론 거미들의 크기가 다르기 때문에 알주머니의 크기도 다르단다.

그리고 거미들마다 알주머니 모양도 가지각색이야. 동그란 공 모양도 있고, 납작한 접시 모양도 있고. 별 모양, 새똥 모양, 곤봉 모양, 도자기 모양, 둥근 통 모양, 각진 통 모양……

영서: 와, 정말 여러 가지네요. 어떻게 생겼는지 정말 궁금해요. 꼭 보고 싶어요.

새벽들: 암컷이 알주머니를 실젖에 붙이고 다니기

지리닷거미의 눈차례

도 하고 위턱으로 물고 다니기도 할뿐더러 어떤 거미는 나무에 붙이기도 하고 눈에 안 띄게 알주머니를 꾸미기도 해. 검은색 실을 써서 알주머니를 위장하는 거미도 있어. 알주머니 안에는 거미에 따라 알이 수십 개에서 수백 개가 들어 있지.

영서: 이제부터는 알주머니를 잘 살펴봐야겠어요.

새벽들: 힘들지는 않니?

영서: 네, 전혀 안 힘들어요.

새벽들: 그럼 이번에는 계곡 아래로 내려가 볼까? 그 쪽에도 작은 습지가 있는데 멋진 거미들이 많이 살 거야.

영서: 거미가 있는 곳이라면 어디든 가 보고 싶어요. 습지로 오니까 긴 풀이 많이 보이네요. 이 풀은 끝이 말렸는데 일부러 말아 놓은 것 같아요. 여기 있는 것도 그렇고요.

새벽들: 사실 말이지, 이걸 보여 주려고 습지로 오자고 한 거야.

영서: 이 풀 때문에요?

새벽들: 응, 정확히는 염낭거미가 만든 '산실'이지.

영서: 산실? 그게 뭔데요?

새벽들: 알을 낳아 놓은 곳을 산실이라고 해. 이 거미가 만든 산실이 마치 염낭을 닮아서 붙인 이름인 것 같아.

영서: 염낭이 뭔데요?

새벽들: 염낭은 허리춤에 차고 다니는 작은 주머니야. 원래는 잎사귀로 만든 주머니 모양의 산실이라는 뜻으로 엽낭(葉囊)이라고 했는데 염낭으로 말이 바뀌었다고도 하지.

영서: 산실을 한번 열어 봐도 돼요?

새벽들: 되기는 하겠지만, 조심해야 하는 거 알지? 염낭거미한테 물리면 아주 아프거든.

여러 가지 알주머니

왼쪽부터 별늑대거미, 적갈논늑대거미, 아기늪서성거미의 알주머니.

들풀거미가 만든 다면체 알주머니

양산적늑대거미 알주머니

황닷거미 알주머니

항아리처럼 생긴 큰새똥거미 알주머니

진주 귀고리 같은 민새똥거미 알주머니

한국깔때기거미 알주머니

풀잎 사이에 만든 꽃게거미 알주머니

길쭉한 소시지 같은 손짓거미 알주머니

실 뭉치 같은 복먼지거미 알주머니

곤봉처럼 생긴 꼬리거미 알주머니

집가게거미 알주머니

색실로 위장한 가시거미 알주머니

벽면에 붙여 놓은 산왕거미 알주머니

솜사탕 같은
비늘갈거미 알주머니

검은 색실로 위장한
장수갈거미 알주머니

잎과 가지로 위장한
종꼬마거미 알주머니

하얗고 동그란
넉점꼬마거미 알주머니

별연두꼬마거미
알주머니

작은 만두처럼 생긴
점박이꼬마거미 알주머니

나뭇잎에 붙여 놓은
아기스라소니거미 알주머니

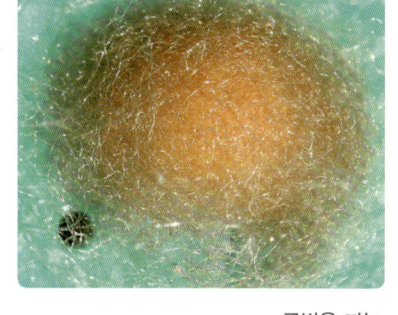
귤빛을 띠는
북왕거미 알주머니

줄 끝에 매달린
머리왕거미 알주머니

빗방울 모양의
얼룩무늬꼬마거미 알주머니

셋째 날 77

노랑염낭거미가 알을 낳고 잎을 접어 놓았다.

영서: 왜요, 독거미예요?

새벽들: 모든 거미는 독을 갖고 있지. 독이 없으면 사냥을 못하고 그럼 거미가 살 수 없지.

영서: 이 거미한테 물리면 죽을 수 있어요?

새벽들: 몇몇 염낭거미들 독이 강하다고 하는데 물려도 이삼 일 감기 몸살에 걸린 것 같을 뿐이래. 우리나라 거미의 독은 사람에게는 별로 해롭지 않아. 작은 곤충을 죽이는 정도지. 그러니까 대부분은 손으로 만져도 괜찮아.

영서: 어떤 독거미에게 물리면 사람도 죽는다고 들었는데…….

새벽들: 외국에는 무서운 독을 가진 거미들도 있어. 검은과부거미에게 물리면 20분 만에 사람이 죽기도 한대. 하지만 우리나라에는 없으니까 걱정하지 않아도 된단다.

영서: 그럼 어디 한번…… 조심, 조심…….

새벽들: 나왔다. 노랑염낭거미가 주인이었네.

영서: 산실 안에서 알주머니를 지키고 있었나 봐요.

새벽들: 애거미들이 알주머니를 뚫고 나올 때까지 지킨단다. 어미가 알을 낳으면 산실 안에서 거미줄을 쳐서 산실을 막아 버리거든. 산실 안에서 알주머니를 지키다가 애거미들이 알주머니를 뚫고 나오면 자기 몸을 먹이로 내어 주지.

영서: 새끼들이 엄마 몸을 먹는다고요? 으, 끔찍해요.

검은과부거미 암컷

노랑염낭거미 암컷

새벽들: 우리 입장에서 보면 그렇지. 그런데 노랑염낭거미들은 이렇게 해야 자손을 남길 수 있어. 한번 생각해 보자. 만약 어미가 산실을 엉성하게 만들면 어떻게 될까?

영서: 음…… 모르겠어요.

새벽들: 네가 금방 뭘 했는지 생각해 보렴.

영서: 제가 금방 뭘 했냐고요? 이 나뭇잎이 접혀 있어서 펼쳤어요. 그리고 또…… 아, 누군가 산실을 열 수도 있겠네요. 만약 적이 산실을 뚫고 들어오면 알을 다 먹어 치우겠죠?

새벽들: 그렇지. 우리 눈에도 이렇게 잘 띄는데 천적의 눈에도 마찬가지겠지? 그러니까 천적이 발견하더라도 산실을 열지 못하도록 아주 튼튼하게 안쪽에서 막는 거야. 아주 튼튼하게 만들다 보니 힘이 약한 애거미들이 산실을 뚫고 나오지 못할 수도 있겠지. 그래서 어미는 애거미들이 자기를 먹고 힘을 내서 이 산실을 뚫고 나가길 바라지 않았을까 싶어. 애거미들이 산실 안에서 봄이 올 때까지 기다리려면 배가 아주 많이 고프거든.

영서: 그럴 수도 있겠지만 슬퍼요.

새벽들: 자연에는 우리가 모르는 게 아주 많단다. 왜 노랑염낭거미들이 이런 방법을 택했는지는 알 수 없지만 살아남기 위해 선택한 최선의 방법이 아닐까 생각해.

영서: 이제 습지에 오면 노랑염낭거미가 생각날 거 같아요. 풀잎이 저렇게 붙어 있으면 함부로 안 건드릴래요. 새끼들을 위해 목숨을 걸고 만든 거잖아요.

새벽들: 그래, 나도 그랬어. 이런 걸 '관계 맺음'이라

산실 안에 있는 노랑염낭거미 알주머니

노랑염낭거미 암컷이 알주머니를 지키고 있다.

알주머니를 뚫고 나온 노랑염낭거미 애거미들

애거미들을 지키는 노랑염낭거미 암컷

셋째 날 **79**

고 하는 거겠지.

영서: 관계 맺음이요?

새벽들: 《어린 왕자》라는 책 읽어 봤니? 거기에 보면 어린 왕자가 사는 별에 장미가 한 송이 살아. 어린 왕자에게는 세상 어떤 장미보다도 그 장미가 소중했단다. 왜냐하면 자기 장미거든.

습지를 보면 노랑염낭거미가 생각날 거라고 했지? 어린 왕자의 장미처럼 노랑염낭거미는 이제부터 너와 소중한 사이가 될 거야. 노랑염낭거미에 감동하는 마음 때문에 자연과 관계를 맺을 수 있는 거지. 자연은 감동하는 사람의 것이거든.

영서: 자연은 감동하는 사람의 것이라고요?

새벽들: 좀 어렵게 느껴지겠지만 언젠가 이 말을 이해할 날이 올 거야, 하하하. 노랑염낭거미 말고도 이름에 염낭 자가 들어간 거미들이 많단다.

부리염낭거미

갈퀴혹어리염낭거미

긴어리염낭거미. 다리가 매우 길다.

각시염낭거미

살깃염낭거미는 배면에 화살 깃무늬가 있다.

한국염낭거미

거미의 흰띠

영서: 그런데 저기 거미그물에 하얀색으로 X 모양이 쳐진 거 보이세요?

새벽들: 어디? 아하, 저거? 여기 어딘가에 거미가 있을 텐데……. 옳지, 여기 있네. 꼬마호랑거미라는 애야. 그물에 X 모양의 '흰띠'를 만드는 것으로 유명해. 꼬마호랑거미는 X 모양의 흰띠 한가운데에 거꾸로 매달려서 살아. 조금 기다리면 거미가 그물로 돌아올 거야.

영서: 그런데 거미가 왜 거꾸로 매달려 있어요?

새벽들: 좋은 질문이다. 거미는 왜 거꾸로 매달려 있을까? 네가 거미라고 생각해 보면서 답을 찾아보자. 너를 잡아먹으려고 날아오는 새를 본다면 어떻게 할 것 같아?

영서: 그야, 도망쳐야죠.

꼬마호랑거미의 흰띠

거미그물에 거꾸로 매달린 꼬마호랑거미

셋째 날 81

새벽들: 어디로?

영서: 어디로요? 음, 위에는 새가 있으니까 거미그물에서 뛰어내릴 것 같아요. 아하, 빨리 도망치려고 그런 거였구나!

새벽들: 이야, 제법인데? 맞아. 거미가 위험에서 도망치는 방법으로 유령 흉내를 내는 건 첫째 날 얘기해 주었지. 기억나니?

영서: 네, 그물을 잡고 마구 흔들어 대는 거죠. 그러다가 이 방법이 안 통하면 툭 하고 땅으로 떨어져서 줄행랑을 쳐요, 헤헤.

새벽들: 거미도 사느라고 바쁘단다, 하하하. 꼬마호랑거미는 호랑거미보다 크기가 작다고 꼬마야. 꼬마호랑거미는 호랑거미의 반쯤 된다고 보면 돼. 언뜻 보면 둘이 비슷해서 구분이 잘 안 되는데 배에 붉은색 무늬가 있으면 꼬마호랑거미야. 호랑거미는 붉은색 무늬가 없어.

영서: 이 거미그물에는 하얀색 띠가 'ㅣ' 모양이에요. 이건 호랑거미 거예요?

새벽들: 이건 긴호랑거미 거야. 호랑거미도 꼬마호랑거미처럼 X 모양의 흰띠를 만들거든.

영서: 긴호랑거미는 몸이 긴 것 같아요. 진짜 호랑이 무늬도 있어요. 여기 새끼처럼 작은 건 수컷인가요?

새벽들: 하하하, 이제는 척하면 척이네.

영서: 이건 X 모양도 아니고, ㅣ 모양도 아니고. 가까이서 보니까 가운데에 작은 거미가 있어요.

새벽들: 긴호랑거미의 새끼들이야. 긴호랑거미는 독립을 하고 나면 거미그물을 만들기 시작해. 처음에는 그물 가운데에 소용돌이 모양의 흰띠를 만들다가 좀 크면 어미처럼 흰띠가 ㅣ 모양으로 바뀌는 거야.

영서: 호랑거미와 꼬마호랑거미와 긴호랑거미는 비슷

꼬마호랑거미 수컷은 암컷보다 작아서 새끼처럼 보인다.

꼬마호랑거미.
배에 붉은색 줄무늬가 있다.

호랑거미.
배에 붉은색 무늬가 없다.

하지만 조금씩 다르네요.

새벽들: 알주머니의 모양도 달라. 모두 호랑거미라는 이름이 들어가서 알주머니도 비슷하게 생겼을 것 같지만 아니야.

영서: 알주머니에는 알이 가득 들어 있겠죠?

새벽들: 그렇겠지. 애거미들은 알주머니 안에서 부화를 하고 허물도 한 번 벗고 겨울도 알주머니 안에서 보내. 이듬해 봄이 되면 알주머니에 구멍을 뚫고 모두 쏟아져 나오지.

영서: 그런데 흰띠는 왜 만드는 거예요? 다른 거미들은 안 만들잖아요.

새벽들: 이 흰띠를 '숨은띠'라고도 하는데 위장과 먹이 사냥에 쓴다고 해. 거미가 숨은띠 가운데에 숨어 있으면 거미의 천적인 새가 거미를 잘 볼 수 없대.

영서: 저도 가까이 다가가서야 거미가 보였어요.

긴호랑거미가 먹이를 거미줄로 싸 놓았다.

긴호랑거미 암컷과 수컷

긴호랑거미는 그물에 I 모양의 흰띠를 만든다.

긴호랑거미 수컷

셋째 날 **83**

1~3 긴호랑거미 애거미는 소용돌이 모양의 흰띠를 만든다.

긴호랑거미는 자라면서 I 모양의 흰띠를 만든다.

새벽들: 숨은띠의 하얀 부분이 자외선을 반사해서 곤충들에게는 꽃의 꿀샘처럼 보인대. 그래서 곤충들이 여기로 날아온다고 해. 흰띠가 사냥을 위한 미끼인 셈이지.

흰띠가 거미그물을 튼튼하게 받쳐 준다고도 해. 가운데 쳐 놓은 흰띠가 그물의 뼈대 같은 거래. 어떤 주장이 맞는지는 모르겠지만 흰띠가 쓸모가 있는 것은 틀림없어 보여.

영서: 이건 좀 다른 그물이에요. 가운데에 먼지 덩어리 같은 게 붙어 있어요.

새벽들: 이건 먼지거미가 만든 거야.

영서: 먼지로 띠를 만들어서 먼지거미라고 부르나 봐요. 그런데 거미는 어디에 있어요?

새벽들: 먼지 띠 가운데를 잘 보렴.

영서: 이제 보여요. 등에 혹 같은 게 많이 나 있어요. 아주 작은 공룡 같아요.

꼬마호랑거미 알주머니

긴호랑거미 알주머니

꼬마호랑거미 알주머니에서 애거미들이 나오고 있다.

호랑거미 알주머니

셋째 날 **85**

새벽들: 등에 난 혹의 수에 따라 먼지거미의 이름이 정해져. 혹이 여덟 개면 여덟혹먼지거미, 여섯 개면 여섯혹먼지거미 그리고 세 개면 셋혹먼지거미.

영서: 하나 둘 셋 넷…… 여덟 개니까 여덟혹먼지거미네요. 그런데 이 거미들은 왜 거미그물에 먼지를 붙여 놓는 거예요?

새벽들: 먼지 덩어리를 자세히 보면 이 거미의 허물이 보이고 알주머니도 보일 거야. 이 거미는 주로 그 먼지 덩어리 가운데에 거꾸로 매달려 있지. 천적에게서 자신과 알주머니를 보호하기 위해서야. 우리도 관심이 없으면 거미그물에 먼지가 붙어 있구나 하고 그냥 지나쳤겠지. 거미가 노리는 게 바로 그게 아닐까?

영서: 그럼 이 먼지가 엄청 소중한 거네요. 생명을 지켜주니까요.

새벽들: 이 먼지 덩어리들을 먼지거미가 얼마나 아끼는지 몰라. 새로 거미그물을 만들 때도 전에 있던 이 먼지 덩어리들을 버리지 않는단다.

영서: 재활용을 하나 봐요?

새벽들: 그런 셈이지. 아니면 이사할 때 자기가 쓰던

먼지거미의 먼지 덩어리

여덟혹먼지거미의 거미그물

여덟혹먼지거미

여섯혹먼지거미

셋혹먼지거미

살림살이를 가지고 가는 것일 수도 있겠고. 새 그물을 칠 때, 먼저 이 먼지 덩어리를 옮겨다 놓고 이것을 중심으로 해서 수직으로 둥근 그물을 친단다.

영서: 먼지거미에게는 이 먼지 덩어리가 보물인가 봐요. 아저씨, 이 거미는 좀 이상해요. 꼼짝도 않고 있네요. 다리가 엄청 길어요.

새벽들: 오, 장수갈거미를 찾았구나. 웬만해선 찾기 힘든 거미야. 풀줄기에 납작 엎드리고 있으면 정말 찾기 어렵거든. 몸도 길고 다리도 아주 길지.

영서: 그런데 왜 이름이 장수일까요?

새벽들: 글쎄다. 갈거미과에서 가장 멋진 거미여서 장수란 이름이 붙었을까? 아니면 몸집이 커서 장수일까?

영서: 장수처럼 당당해서 그런 게 아닐까요?

새벽들: 그럴듯하다, 하하하. 장수갈거미는 냇가나 습지나 산 계곡의 물가에서 쉽게 볼 수 있어. 물가에서 자라는 풀 사이에다 둥근 그물을 치고 살지.

영서: 신기하게 생긴 거미가 진짜 많아요. 아저씨는 거미에 대해서 어쩌면 그렇게 잘 아세요? 거미도 신기하고 아저씨도 신기해요.

새벽들: 관심을 가지면 누구나 알 수 있어. 좋아하면 알고 싶어지거든. 갈거미들도 꼭 찾아보렴. 좋아하게 될 거야.

영서: 어, 여기 나뭇잎 위에 거미그물이 쳐져 있는데요? 마치 작은 천막처럼 보여요.

새벽들: 여기를 살짝 건드려 보렴. 조심조심해서……

풀 줄기에 납작하게 엎드린 장수갈거미

장수갈거미 암컷

장수갈거미 수컷

셋째 날

갈거미과의 거미들

금빛백금거미

안경무늬시내거미.
머리가슴부에
안경 무늬가 있다.

비늘갈거미.
배에 비늘무늬가 있다.

백금갈거미.
배의 색이 백금색이다.

꼬마백금거미

왕백금거미. 꼬마백금거미보다
조금 더 크고 배의 무늬가 다르다.

꼬마백금거미의 아랫면에는
은빛 비늘무늬가 흩어져 있다.

왕백금거미의 아랫면에는
비늘무늬가 없다.

병무늬시내거미

가시다리거미

잎거미과의 잎거미

잎거미의 거미그물

잎거미

영서: 거미가 나오고 있어요.

새벽들: 잎거미는 이렇게 잎에서 살아. 저수지나 강가나 시냇가에 있는 넓은잎나무의 잎 위에 천막 모양의 거미그물을 친단다. 몸길이가 5밀리미터밖에 안 되는 작은 거미인데 그물 모양이 남달라서 눈에 잘 뜨이지. 이 거미를 찾으려면 거미보다는 거미그물을 먼저 찾는 게 쉬울 거야.

영서: 다음에 이런 거미그물을 보면 살짝 건드려 볼까 봐요. 잎거미가 그물에서 나올 것 같아요.

새벽들: 와, 벌써 시간이 많이 지났네. 오늘은 여기서 그만 마치자. 오늘은 어땠어? 거미를 너무 많이 봐서 정신이 없었지?

영서: 아니요, 완전 신났어요. 거미는 알면 알수록 신기한 것 같아요. 내일은 어디로 갈 거예요?

새벽들: 내일은 나무껍질이나 바위 같은 데 사는 거미들을 찾아볼까 해. 그럼 잘 가라. 안녕!

셋째 날

거미 관찰 여행
넷 째 날

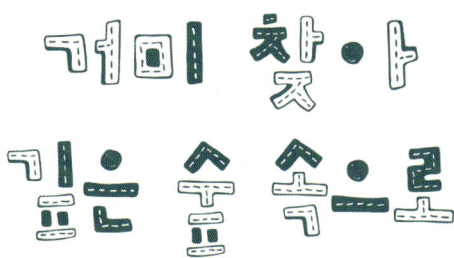
거미 찾아 깊은 숲 속으로

(숲 속에 있는 폐가로 새벽들 아저씨와 영서가 다가가고 있다.)

새벽들: 산속에 있는 이런 버려진 집에서야말로 거미 찾는 재미가 쏠쏠하지.

영서: 뭐가 재밌다는 거예요? 무섭기만 한데. 혼자서는 도저히 못 들어가겠어요. 거미는 왜 이런 데서 살까! 이렇게 으스스한 데서.

새벽들: 이런 덴 밤에 와야 제맛인데 말이야. 아쉽긴 하지만, 어떤 거미들이 사는지 천천히 둘러보자. 먼저 깨진 항아리나 기왓장, 돌 밑을 잘 들춰 보렴. 틀림없이 거미가 있을 거야. 장갑을 끼고, 여기 핀셋도 있어. 혹시 모르니까 채집통도 줄게. 이런 곳에 사는 거미들은 아주 빨라서 되도록이면 채집해서 관찰하는 게 좋단다.

영서: 이렇게 하니까 진짜 탐험대 같아요. 이름하여 거미 탐험대! 헤헤. 이렇게 깨진 기왓장을 들춰 보라는 거죠? 이렇게……. 와, 바로 나왔어요. 거미그물이에요. 어딘가에 거미도 있겠죠?

새벽들: 자, 조심하렴. 거미가 틀림없이 안에 있을 거야. 거미가 기어나온다. 자, 조심조심. 조심해서 채집통에 담아 보렴.

영서: 이렇게 채집통에 넣으니까 거미가 잘 보여요.

새벽들: 무늬랑 색이 또렷하게 보이고 사진 찍기도 좋지. 민자얼룩가게거미 암컷이구나. 우리나라에는 사람 이름이 들어가는 거미가 거의 없는데, 민자는 송민자라는 분의 이름이야. 우리나라의 1세대 거미 연구가이신 백갑용 선생님의 제자란다. 스승이 제자를 기리려고 거미 이름을 지을 때 제자의 이름을 붙이셨대.

영서: 민자가 사람 이름이었군요. 우리 엄마 이름은 미자인데. 이 담에 제가 신종 거미를 발견하면 엄마 이름을 붙여야겠어요. 미자깜빡거미! 우리 엄마는 요즘 깜빡깜빡 잘 잊어버리시거든요, 헤헤.

새벽들: 하하하, 커서 꼭 거미 연구가가 되어야겠구나.

민자얼룩가게거미의 거미그물

민자얼룩가게거미

민자얼룩가게거미 암컷

민자얼룩가게거미 수컷

넷째 날 **91**

영서: 네. 그런데 미자깜빡거미라고 지으면 엄마가 좋아하실지는 모르겠어요, 헤헤. 여기에도 비슷한 거미가 한 마리 더 있어요. 이건 수컷인가요?

새벽들: 응. 이 거미는 우리 주변에서 많이 살아. 산이나 동굴이나 농경지에서 볼 수 있지. 돌 밑이나 땅의 틈새에 작은 깔때기 모양의 집을 짓고 살아.
이 거미를 키워 본 적이 있어. 햇빛을 받으면 머리가슴부에 햇살이 퍼지는 것처럼 멋진 무늬가 나타나지. 마치 조각가가 새겨 놓은 무늬 같단다. 다른 거미에게서는 잘 볼 수 없는 무늬였어. 그 무늬에 흠뻑 빠졌던 기억이 나는구나.

영서: '자연은 감동하는 사람의 것이다'라고 말씀하신 게 이런 거예요? 아저씨는 오버맨 같아요.

새벽들: 맞아, 난 오버맨이야. 그래도 좋은 걸 어떡해, 하하하. 예전에 보니까 허물벗기를 하고 난 바로 그때에는 투명한 연둣빛이 돌더라. 갈색일 때도

허물에 눈이 있던 자리가 또렷하게 보인다.

허물을 벗은 민자얼룩가게거미

민자얼룩가게거미 알주머니

민자얼룩가게거미 림프의 허물

허물을 벗은 민자얼룩가게거미는 투명한 연둣빛을 띤다.

민자얼룩가게거미 애거미

멋있지만 투명한 연둣빛은 좀 더 신비롭다고 할까.

영서: 이쪽에 작은 굴뚝 같은 게 있어요. 이것도 거미가 만든 거겠죠? 이젠 좀 이상한 것만 보이면 거미가 만든 것 같다니까요.

새벽들: 굴뚝 모양이라고? 굴뚝거미인가? 거미의 겨울잠 얘기를 할 때 굴뚝거미 얘기도 했는데 기억나는지 모르겠구나.

영서: 여기에도 비슷한 게 또 있어요. 이건 아래쪽이 굴로 이어져요. 여기 거미가 나오고 있어요! 어서 와서 보세요.

새벽들: 자자 흥분하지 말고, 천천히. 자칫하면 거미가 다칠 수도 있으니까. 조심해서 채집통에 넣고 보자. 모산굴뚝거미구나. 배에 있는 무늬를 좀 보렴. 굴뚝거미들은 산속 돌 밑이나 낙엽이 쌓인 곳에 굴뚝 모양의 집을 만들고 살아. 모두 우리나라 고유종이야.

모산굴뚝거미는 1967년에 백갑용 선생님과 남궁준 선생님이 발견하신 거야. 모산에서 채집하신 것 같아. 이 거미는 암컷의 몸길이가 저마다 다르기로 유명해. 4~8밀리미터쯤이니까 큰 거미와 작은 거미의 길이가 두 배쯤 차이가 나는 거지. 수컷은 7밀리미터쯤 돼. 암컷의 몸길이가 많이 달라서 신종 굴뚝거미일 수도 있을 거야. 연구를 더 많이 해야 하는 거미지.

영서: 이 거미는 아주 큰데요? 독니가 무시무시해요. 이 돌 밑에서 나왔어요.

새벽들: 백운비탈가게거미란다. 더듬이다리를 보니 암컷이네.

영서: 백운비탈……? 뭐라고 하셨어요?

새벽들: 백운비탈가게거미. 우리나라에만 사는 한국 고유종이야. 경기도 포천에 있는 백운산에서 발

모산굴뚝거미의 은신처

은신처에서 나오는 모산굴뚝거미

모산굴뚝거미 암컷

백운비탈가게거미 암컷. 위턱과 독니가 크다.

백운비탈가게거미 암컷

백운비탈가게거미 수컷

짝짓기를 하려고 암컷 위에 올라탄 백운비탈가게거미 수컷

견되었대. 산, 비탈길, 돌 밑, 낙엽 사이에 작은 깔때기 모양의 그물을 치고 사는 녀석이지.

비탈거미라는 이름은 백갑용 선생님이 붙이신 거야. 여기에 재미있는 이야기가 있어. 선생님이 채집에 온통 정신을 쏟으시는 바람에 비탈길에서 벌러덩 넘어지셨대. 때마침 그곳 바위 밑에서 새로운 거미를 발견하신 거야. 그래서 이 거미의 과 이름을 지으실 때 넘어지신 비탈길을 생각하시면서 비탈거미과로 지으셨다고 해. 지금은 비탈거미과에서 가게거미과로 분류가 바뀌었어.

영서: 암컷은 이렇게 무시무시하게 생겼는데 수컷은 어때요?

새벽들: 암수가 비슷하게 생겼어. 크기도 비슷하고. 그래도 수컷은 언제나 조심스럽지.

영서: 왜요, 암컷이 잡아먹나요?

새벽들: 그럴 수도 있지. 이 거미를 키울 때 짝짓기하는 모습을 보고 놀란 적이 있어. 처음에는 싸우는 줄 알았는데 나중에 알고 보니 짝짓기 하는 모습이

은신처에 숨어 있는 백운비탈가게거미

사냥하는 백운비탈가게거미

었어. 짝짓기를 할 때 자칫하면 배고픈 암컷에게 수컷이 잡아먹히기도 하니까. 그래서 암컷의 허락을 받으려고 선물도 마련하고 춤도 추고 그러는 거야. 조심스럽게 암컷에게 다가가서 기다리다가 암컷이 싫어하는 눈치가 안 보이면 그때 짝짓기를 한단다.

영서: 저 무시무시한 독니에 찍히면 절대 도망을 못 칠 것 같아요.

새벽들: 예전에 키울 때 보니까 굴을 파고 은신처를 만들더라. 먹이를 주면 은신처에서 바로 달려 나와서 먹었어.

영서: 저 독니로 씹어서요?

새벽들: 아니, 거미는 못 씹어. 독니로 먹이를 물어서 독액과 소화액을 집어넣지. 그럼 먹이가 흐물흐물 죽처럼 돼. 먹이가 흐물흐물해지면 독니로 빨아먹는 거야.

영서: 독니가 빨대 같은 거네요.

새벽들: 맞아. 독액과 소화액을 넣기도 하고 먹이를 빨아먹을 때도 쓰니까.

영서: 아저씨, 잠깐만요. 저 돌 밑으로 뭔가가 들어가는 걸 봤어요. 돌 밑을 봐야겠어요. 역시 거미예요. 시커멓게 생겼어요.

새벽들: 어디 보자. 넓적니거미구나.

영서: 넓적니라고요?

새벽들: 암컷의 외부생식기가 넓적한 이를 닮았다고 붙은 이름이야.

영서: 제가 보기엔 그냥 시커멓게 생겼는데. 어떻게 이런 거미들 이름을 다 아세요?

새벽들: 자주 보다 보면 차츰 거미들의 특징이 보인다니까. 시커멓게 생겼어도 조금씩 다르거든. 수리거미들은 검은색이 많아.

영서: 수리거미요? 수리? 독수리, 물수리 할 때 그 수리요?

새벽들: 맞아. 수리거미에는 매거미, 수리거미, 솔개거미 들이 있어. 도끼거미, 염라거미라는 이름도 있지.

영서: 염라거미요? 저승에 사는 염라대왕 거미예요?

새벽들: 하하하, 저승사자처럼 온몸이 시커먼 거미지. 수리거미과에 속하는 거미들은 돌 밑이나 동굴, 나무껍질 사이에 많이 살아. 대개 검은색이지만 나름대로 자기만의 개성을 살린 거미들도 있어. 몇 마리를 살펴보고 가자.

넓적니거미

톱수리거미.
수컷의 더듬이다리에 톱날 모양의 돌기가 있다.

아시아염라거미

외줄솔개거미.
배에 흰 줄이 하나 있다.

삼문참매거미.
다리 끝 두 마디가 붉은 갈색을 띤다.

석줄톱니매거미.
배에 흰 줄이 세 개 있다.

부용수리거미.
부용에서 처음 채집되었다.

영서: 여기 한국깔때기거미 그물이 있어요. 터널이 보여요. 그런데 이건 뭐지? 그물 앞에 있는 거요. 하얗게 꼭 알처럼 생겼는데. 혹시 이거 한국깔때기거미 알인가요?

새벽들: 거미는 알을 이렇게 낳지 않아. 알들이 흩어지지 않도록 알주머니를 만들지. 이건 버섯이란다. 바닷속에 사는 산호를 닮았다는 산호점균이라는 버섯이야.

영서: 와, 신기한 버섯이네요. 버섯 말고도 여기 별별 게 다 있어요. 지렁이 같은 것도 있고, 으악, 지네도 있어요. 와, 거미도 찾았어요. 여기 나무뿌리 아래에요. 엄청 빨라요.

새벽들: 너구리거미구나. 너구리를 닮았는지 한번 살펴보렴.

영서: 도대체 어디가 닮은 거지? 몸빛인가? 줄무늬인 것 같기도 하고……

새벽들: 몸빛도 그렇고, 땅에서 돌아다니는 것도 그렇고. 이 거미를 처음 발견한 사람이 왜 너구리거미라는 이름을 붙였는지는 모르겠지만 재미있는 이름이라고 생각해. 내 생각에는 몸에 있는 세로로 긴 줄무늬가 너구리를 닮은 것 같아.

영서: 다른 동물 이름을 가진 거미도 있어요?

한국깔때기거미는 썩은 나무에도 그물을 만든다.

산호점균

머리가 은행잎 같은 육상플라나리아

땅지네

습지먼지벌레

새벽들: 있지. 그럼 우리 동물 이름을 가진 거미들을 한번 찾아볼까? 땅에서 사는 거미들이라 돌이나 낙엽 밑을 보면 찾을 수 있어. 마침 저기 죽은 나무가 있으니까 저리로 가 보자. 껍질을 벗겨 보면 거미를 찾을 수 있을지도 모르겠구나.

여기 족제비거미도 있네. 몸에 길고 부드러운 털이 덮여 있긴 한데, 어디가 족제비를 닮았는지 콕 집어서 말을 못 하겠다.

영서: 저는 이름을 듣고 나니까 이 거미가 족제비를 닮은 것 같아요. 몸빛도 그렇고 부드러운 털도 그렇고. 족제비를 꼭 닮았는데요?

새벽들: 그래? 그럼 이 거미는 어떠니? 두더지거미란다.

영서: 저렇게 땅을 파헤치며 기어가는 모습이 두더지를 닮은 것 같아요. 이름을 듣고서 보니까 그렇게 보이는데요?

새벽들: 나는 네 설명을 듣고 보니까 그런 것 같네.

영서: 어, 이 거미는 뭐예요? 점박이에요.

새벽들: 여기 채집통에 담아서 보자꾸나. 몸에 있는 무늬가 아롱거려 보였는지 이 거미를 처음 본 사람이 아롱가죽거미라는 재미있는 이름을 붙였단다. 아롱거리다는 말은 또렷하지 않고 흐리게 아른거린다는 뜻이야.

영서: 아까 땅에서 볼 때보다 채집통에 담아서 보니까 무늬가 또렷해 보여요. 혹시 땅에서는 이 무늬 때문에 아롱아롱하게 보여서 이런 이름을 붙인 게 아닐까요?

새벽들: 오호, 그럴듯한 설명인데? 이 거미에게는 특이한 점이 하나 더 있는데, 그건 바로 침을 뱉는다는 거야.

영서: 거미가 침을 뱉는다고요?

새벽들: 진짜 침은 아니야. 거미는 거미그물을 쳐

너구리거미 암컷

너구리거미 수컷

족제비거미

족제비

두더지거미

두더지

아롱가죽거미

놓고 먹이가 걸릴 때까지 숨어서 기다리거나 아니면 돌아다니면서 먹이를 잡잖아? 하지만 아롱가죽거미는 멀리서 끈끈이를 쏴서 먹이를 꼼짝 못하게 한 다음에 다가가서 천천히 잡아먹는단다. 마치 침을 뱉듯이 먹이를 잡는 거지. 아롱가죽거미가 이렇게 끈끈이를 쏠 수 있는 건 커다란 머리가슴부 안에 있는 독샘 때문이래.

영서: 아저씨 얘기를 들으니까 이 거미는 영화에 나오는 악당 같아요.

새벽들: 그러니? 하하하. 이 거미는 독샘이 앞뒤에 두 개가 있어. 앞쪽 독샘에서는 독액을 만들고, 뒤쪽 독샘에서는 끈끈이를 만들지. 먹이가 나타나면 사람이 침을 뱉듯이 독니에서 두 줄기의 끈끈이를 쏘아서 먹이를 꼼짝 못하게 한대.

영서: 무서운 사냥꾼이네요. 어두운 곳에 숨어서 눈을 번득이며 사냥할 먹이를 기다릴 것 같아요.

새벽들: 실제로 돌 밑이나 집의 지하실, 화장실, 창고 같은 어두운 곳에서 살면서 밤에 돌아다니지. 이 거미를 정주성 거미로 보기도 하지만 거미그물은 거의 안 만들어. 끈끈이를 쏠 수 있으니까 느릿느릿 움직이면서 사냥을 해.

영서: 사냥하는 모습을 보고 싶어요!

새벽들: 느릿느릿 움직이는 나무늘보 같지만 속에는 독화살을 감추고 있는 거미지. 이 거미와 비슷한 거미가 있어. 검정가죽거미야. 검정가죽거미도 끈끈한 독액을 쏘아서 먹이를 사냥해. 하지만 검정가죽거미는 아롱가죽거미처럼 쉽게 볼 수가 없어. 아주 보기 드문 거미라서 거미 연구가들도 꼭 보고 싶어 하는 거미란다.

영서: 알면 알수록 우리나라에 거미가 엄청 많이 살고 있었네요. 모두 얼마나 될까요?

새벽들: 우리나라에 사는 거미들은 셀 수도 없이 많단다. 아직 제대로 연구가 되지 않아서 이름이 없는 거미들도 많고, 또 어디에 얼만큼 사는지 알려진 것도 없어. 아저씨 생각에는 1000종은 될 것 같아. 우리나라에 산다고 알려진 거미는 2015년 현재 795종이라고 해.

영서: 왜 하필 2015년이에요?

새벽들: 2015년에 공식적인 발표가 있었어. 한국 거미 연구소에서 2015년 6월에 〈한국산 거미의 총목록〉이라는 논문을 발표했는데 그 논문에 따르면, 우리나라에 사는 거미 수는 총 795종이라고 해. 물론 훨씬 더 많은 거미들이 살겠지만 아직 연구가 부족한 상태라 이름을 붙인 거미만 795종이라는 거지. 2010년에는 726종이라고 발표했는데 5년 동안 69종이 늘어났구나. 영서처럼 거미에 관심이 많은 아이들이 꾸준히 거미를 연구한다면 더 많은 거미들이 발견되고 거미들의 생활도 많이 알려지게 될 거야.

영서: 795종이요? 그럼 온 세계에서 사는 거미들은 얼마나 돼요? 거미가 언제부터 이 지구에서 살게 됐는지도 궁금해요.

새벽들: 오, 질문이 점점 심오해지는데? 아저씨가 공부를 더 해야겠구나. 거미 연구가들은 약 4억 년 전에 거미가 지구에 나타났다고 하지. 4억 년이라는 시간이 지나는 동안 거미가 온 세계에 퍼지게 되었어. 지금 지구에는 약 4만 종이 넘는 거미가 있다고 해. 실제로는 훨씬 더 많은 거미들이 살 거야. 그런데 거미는 몸이 약하기 때문에 화석이 별로 없어서 연구하기가 까다롭대. 다른 생물들처럼 화석이 많으면 좀 더 많은 연구를 할 수 있을 텐데 말이야.

영서: 거미도 화석이 있어요?

새벽들: 나도 박물관에서 본 것이 전부란다.

영서: 거미에 대한 거라면 뭐든 보고 싶어요.

새벽들: 자, 이제 좀 걸어 볼까? 좀 깊은 숲 속으로 들어가 보자. 찾아보고 싶은 거미가 있거든.

영서: 네, 좋아요. 빨리 가요. 어, 그런데 아저씨, 여기 되게 조그만 벌레가 움직여요.

검정가죽거미

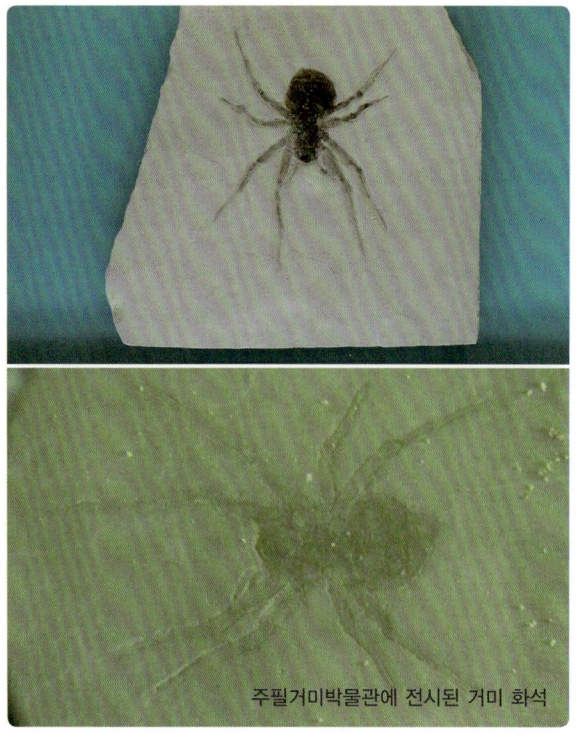

주필거미박물관에 전시된 거미 화석

새벽들: 어디? 진짜 작구나. 이런 걸 찾아내다니 눈이 좋은 거야, 관찰력이 대단한 거야?

영서: 둘 다 좋은 거죠, 헤헤.

새벽들: 이 거미는 외줄거미라고 불러. 몸길이가 2밀리미터밖에 안 되니까 눈이 나쁜 사람은 거미가 있는지조차 모를 거야.

영서: 외줄거미? 몸에 줄무늬가 한 줄이 있나요?

새벽들: 몸의 무늬가 아니고 실젖 때문에 이런 이름을 얻게 됐어. 거미들은 흔히 여섯 개의 실젖을 가지고 있어. 물론 이 거미도 그렇지. 다른 점이라면 이 거미는 실젖이 외줄, 그러니까 한 줄로 늘어서 있어. 외줄거미는 시골집의 마당에서 볼 수 있지. 그런데 너무 작아서 그냥 지나치기 쉬워. 이 거미를 처음 보았을 때 마치 검은 점 하나가 움직이는 것 같았어. 하얀 채집통에 넣고 사진을 찍어 보면 배에 있는 무늬를 볼 수 있어. 햇빛 아래에서는 그 무늬가 아주 또렷하게 보인단다.

영서: 아저씨, 여기 거미그물이 엄청 많아요. 거미들은

외줄거미

접시거미들의 거미그물

안 보이는데 거미그물만 많아요.

새벽들: 거미그물이 접시처럼 생겼지?

영서: 그러네요.

새벽들: 접시거미들이 친 거미그물이야. 접시거미는 5밀리미터도 안 되는 아주 작은 거미들이야. 자세히 살펴보는 게 좋겠다. 아주 멋진 색을 가진 접시거미들이 많거든.

여기 있는 건 쌍줄접시거미란다. 쌍줄접시거미는 배에 또렷하게 무늬가 두 줄 있어. 산속이나 등산로 가까이에서 살지. 나뭇가지나 풀 줄기 따위로 밥공기를 엎어 놓은 모양으로 그물을 친단다.

여기 한 마리 또 있다. 이건 테두리접시거미야. 암컷인데 머리가슴부 둘레에 흰 테두리가 보이지? 숲속이나 계곡이나 들판의 낮은 나뭇가지와 풀잎 따위에 접시 모양의 그물을 치고 살아. 암컷과 수컷의 몸길이는 거의 같은데, 색이 달라. 수컷은 암컷과 달리 검은색이야.

영서: 작지만 아주 예쁜 거미들이에요. 거미그물도 멋지고요.

새벽들: 맞아, 거미는 진짜 멋진 건축가지. 산을 오르면 더 많은 접시거미들을 볼 수 있을 거야.

이 녀석은 쌍코뿔애접시거미야. 몸길이가 2밀리미터밖에 안 돼. 접시거미보다 작아서 이름에 애 자가 붙어. 수컷의 머리끝에 뿔 모양의 돌기가 있는데 이 돌기의 끝이 두 갈래로 갈라져 있어. 돌기 모양이 코뿔처럼 보인다고 이런 이름이 붙었어.

농발접시거미도 보렴. 몸에 견주어 다리가 아주 길지? 농발은 옛날 장롱의 다리와 다리 사이에 길게 댄 막대기지. 그래서 농발은 길다는 뜻이야.

자, 조금만 더 힘내자고. 저기 보이는 숲에 가면 새로운 거미를 볼 수 있어. 저기 바위가 있는 곳이 보이지? 저쪽으로 가 보자.

접시거미과의 거미들

쌍줄접시거미

테두리접시거미 암컷

테두리접시거미 수컷

쌍코뿔애접시거미

황갈애접시거미

앵도애접시거미는 앵두처럼 아주 작다.

농발접시거미 암컷

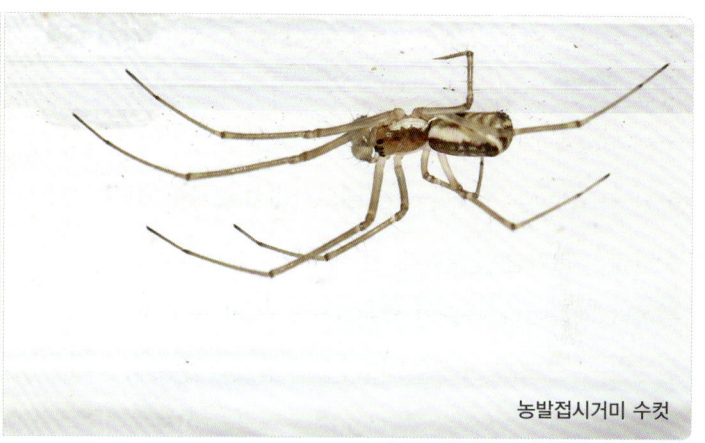
농발접시거미 수컷

고무래접시거미 암컷

고무래접시거미 수컷

십자접시거미. 배에 십자 무늬가 있다.

검정접시거미

넷째 날 **103**

영서: 저기에는 어떤 거미가 사는데요?

새벽들: 흔하지는 않지만, 저런 바위 아래쪽에 대롱처럼 생긴 거미그물을 볼 수 있을지도 몰라.

영서: 혹시 이건가요?

새벽들: 이런, 한 번에 찾다니. 보기가 쉽지 않은데 오늘은 운이 좋구나. 이게 바로 한국땅거미가 만든 거미그물이야.

영서: 한국땅거미요? 우리나라에만 사는 거미인가요? 이런 거미를 한국 고유종이라고 하잖아요.

새벽들: 맞아, 잘 기억하고 있구나. 김주필 선생님이 처음 채집해서 한국땅거미란 이름을 가지게 되었지. 볕 좋은 데서 자라는 커다란 나무의 밑동이나 산에 있는 돌담이나 돌계단 아래에 긴 그물을 치고 살아. 이런 모양의 그물을 전대 그물이라고 하는데 전대는 옛날 동전 주머니를 말해. 전대를 잘 모를 테니까 그냥 길쭉한 터널 모양의 집을 만들어 산다고 생각하는 게 쉽겠다.

영서: 그럼 거미는 이 그물 아래쪽에 있나요?

새벽들: 그렇지. 한국땅거미는 땅거미답게 땅에 굴을 파고 들어가 그곳에서 살면서 좀처럼 굴 밖으로 안 나와. 그렇지만 곤충이 이 전대 그물을 건드리면 재빨리 그물에서 빠져나와서 무시무시한 독니로 먹이를 꼼짝 못하게 하고 그물 안쪽 깊숙이 끌고 들어가지.

한국땅거미의 전대 그물

한국땅거미의 전대 그물 입구

영서: 이 터널이 꽤 긴가 봐요?

새벽들: 우리가 지금 보고 있는 부분은 전체 그물의 4분의 1이라고 보면 돼. 자연 상태에서는 땅 위에 있는 그물이 10센티미터쯤 되고 땅 아래에 있는 그물은 30센티미터쯤 된대. 이 거미를 키울 때에는 사육장이 작아서인지 땅 위로 나와 있는 그물의 높이가 7센티미터쯤 됐어. 나중에 사육장을 옮기고 나서 전대 그물을 꺼내 보니 20센티미터나 되더라. 한국땅거미는 우리나라에 사는 거미 가운데 가장 원시적인 거미야. 5년쯤 산단다.

영서: 거미가 그렇게 오래 살아요?

새벽들: 우리나라 거미들은 1년에서 3년쯤 살아. 땅거미처럼 원시적인 거미들은 5년쯤 살고, 타란툴라 같은 거미는 15년을 산단다.

전대 그물 안쪽 면은 거미줄로 잘 다듬어 놓았다.

전대 그물 안에 있는 한국땅거미

거미의 분류

영서: 그런데 원시적인 거미가 뭐예요? 원시인 같은 거예요?

새벽들: 이 얘기는 조금 어렵기는 하지만 알아 두면 좋지. 거미를 분류할 때 몇 가지를 따져 보거든. 실젖이 어디에 있는가? 위턱은 어떻게 움직이는가? 체판이 있는가? 발톱 수는 몇 개인가? 따위가 중요한 열쇠가 돼. 이에 따라서 거미를 분류하지.

먼저 실젖의 위치에 따라서 배의 아랫면 가운데에 있는 가운데실젖거미아목과 배의 아랫면 뒤에 있는 뒷실젖거미아목으로 나눈단다. 우리나라에 사는 거미는 가운데실젖거미아목에 속하는 거미가 없어. 모두 뒷실젖거미아목에 속해. 그러니까 우리나라에 사는 모든 거미는 실젖이 배의 끝에 있는 항문 가까이에 있다는 거지.

뒷실젖거미아목은 위턱이 어떻게 움직이느냐에 따라 다시 원실젖거미하목과 새실젖거미하목으로 나눠. 원실젖거미하목에 속하는 거미는 위턱이 땅을 파기 좋게 위아래로만 움직이지. 여기에는 땅거미과의 거미들이 속해. 이 땅거미과의 거미를 빼면 우리나라에 사는 거미들은 위턱이 양옆으로 움직이는 새실젖거미하목에 속한다고 볼 수 있어. 새실젖거미하목은 원실젖거미하목보다 진화한 거미들이야. 그래서 위턱이 위아래로만 움직이는 땅거미들을 우리나라에서는 가장 원시적인 거미라고 하지.

영서: 아이쿠, 잘 모르겠어요. 너무 어려워요. 그래도 거미는 좋아요.

새벽들: 하하하. 어려운 이론보다 거미를 좋아하는 마음이 먼저야. 거미를 좋아하면 그 다음은 자연스럽게 알게 될 거야. 나도 그랬거든. 좋아하다 보니 궁금해지고 그러니까 책을 찾아보고……. 한국땅거미는 옛날 거미의 모습을 볼 수 있어서 마음이 끌리나 봐. 특히 위턱이 멋있지.

영서: 다른 땅거미들도 그물을 땅 위와 아래에 같이 만드나요?

새벽들: 그렇지는 않아. 고운땅거미는 전대 그물을 땅속에만 만들어.

영서: 고운땅거미요? 곱다는 뜻인가요?

새벽들: 땅거미들 가운데 몸이 유난히 빛나서 그런가 봐. 이 거미가 치는 거미줄이 곱다고 고운땅거미라고 부른다고도 하지. 고운땅거미는 암컷이 수컷보다 훨씬 커. 암컷은 15~18밀리미터인데 수컷은 6~8밀리미터밖에 안 돼. 우리나라에 사는 보통 땅거미들과 다르게 고운땅거미는 마른 땅을 좋아해. 수직으로 15~20센티미터쯤 땅을 파서 그 벽에 거미줄을 붙이고 대롱 모양의 집을 만들지. 다른 땅거미들과 달리 땅 위에 거미그물을 안 쳐. 땅위에는 입구만 겨우 보인단다.

영서: 고운땅거미도 독니는 무시무시하게 생겼어요. 뭐, 그래 봤자 제 손톱보다도 작지만. 그런데도 집도 짓고 사냥도 하고 아기도 키우고. 생각해 보니 저보다

한국땅거미

한국땅거미는 위턱과 독니가 크다.

고운땅거미가 입구에 거미줄을 쳐 놓았다.

할 줄 아는 게 더 많네요.

새벽들: 알고 보면 거미도 곤충도 다른 동물들도 자기 할 일을 열심히 하면서 살고 있지. 우리도 오늘 거미 친구들을 찾아 열심히 산속을 헤매고 다녔잖아. 좀 힘들었지만 덕분에 한국땅거미도 보고. 오늘 여행은 여기서 마무리해야겠다.

영서: 저도 감사해요. 점점 거미가 좋아져요, 헤헤. 내일은 어디서 만날까요? 빨리 내일이 왔으면 좋겠어요.

새벽들: 내일은 강과 습지를 따라 걸으면서 거미들을 찾아보려고 해. 거기에서도 틀림없이 새로운 거미들을 많이 보게 될 거야. 그럼 잘 쉬고 내일 보자. 안녕!

전대 그물 입구로 나온 고운땅거미

고운땅거미

고운땅거미는 독니가 크다.

넷째 날 **107**

거미 관찰 여행
다 섯 째 날

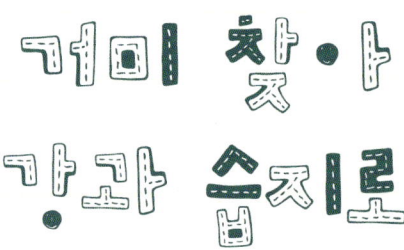

거미 찾아
강과 숲지로

(햇살에 반짝이는 강물을 새벽들 아저씨가 바라보고 있다. 영서는 주변을 두리번거리며 기분이 좋은 듯이 웃는다.)

영서: 날씨가 진짜 좋아요. 오늘은 왠지 거미들을 많이 만날 것 같은 예감이 들어요, 헤헤.

새벽들: 나도 그래. 강을 따라서 슬슬 걸어 볼까? 오늘은 어떤 거미들을 만날까 기대된다.

영서: 후후, 벌써 만나 버렸어요. 동그란 쟁반 같은 거미그물이 있는데 한가운데에 거미가 보여요. 저쪽으로 가 봐요.

새벽들: 각시어리왕거미구나.

영서: 이 거미도 예쁘다고 각시인가 봐요.

새벽들: 여린 노란빛이 예쁜 거미지. 논이나 습지나 초원에서 볼 수 있어.

영서: 그런데 거미그물에 있지 않고 숨어 있는 거미들도 보여요. 얘들은 왜 그물에 있지 않고 이렇게 숨어 있는 거예요?

새벽들: 야행성 거미라서 그래. 낮에는 잎을 말아서 그 속에 숨기도 하고 잎 뒷면에 붙어 있기도 해. 그러고서 쉬기도 하고 먹이도 먹지. 지금은 이른 아침이라 거미그물에 있는 거미도 있고 은신처에 들어가 있는 거미도 있는 거야.

영서: 이건 수컷인가 봐요. 더듬이다리만 다르지 무늬가 똑같아요. 오, 이 거미는 나비를 잡았어요.

새벽들: 어디? 정말이네. 꼬리명주나비네. 나비에게는 안된 일이고, 거미에게는 좋은 일이지.

영서: 여기 보세요. 이 거미는 막 허물을 벗은 것 같아요.

새벽들: 거미는 이렇게 허물을 벗으면서 자라지. 이제 짝짓기를 할 수 있는 어른이 된 거야. 이 거미를 키우면서 보니까 암컷이 짝짓기를 하고 난 다음에 사육장 벽면에 거미줄로 깔개를 만들더라. 깔개 위에다 알을 낳고 거미줄로 덮개를 만들어서 덮더라고. 하얗고 납작한 알주머니 속에서 옅은 노란빛 알들이 비치는데 달걀 프라이 같았어.

각시어리왕거미

잎 뒤나 잎을 말아 안쪽에 숨어 있는
각시어리왕거미

각시어리왕거미 수컷

꼬리명주나비를 잡은 각시어리왕거미

각시어리왕거미가 벗은 허물

영서: 달걀 프라이라고 하시니까 제가 달걀을 좋아하는 것처럼 곤충들도 거미 알을 맛있게 먹을 것 같아요. 거미에겐 좀 미안하지만요.

새벽들: 거미를 잡아먹는 곤충이나 곤충을 잡아먹는 거미나 자연의 순리를 따르는 거니까, 그게 오히려 자연스러운 일이야.

영서: 그럴까요? 그렇게 생각하니까 자연은 마음이 넓은 것 같아요. 그래서 바다도 넓고 땅도 넓고 하늘도 넓은가?

새벽들: 아이구, 생각이 너무 멀리 가고 있는걸? 이런 걸 비약이 심하다고 하는 거지.

영서: 그 말은 엄마가 저한테 하는 말인데, 아저씨도 똑같이 말씀하시네, 헤헤. 이제 달걀 프라이를 먹을 때마다 각시어리왕거미 알주머니가 떠오를 것 같아요. 근데 이 거미는 몸빛이 좀 붉은 것 같아요. 혹시 변이가 아닐까요?

110 와! 거미다

각시어리왕거미의 알주머니와 애거미들

새벽들: 이 녀석은 변이가 아니고 적갈어리왕거미야. 몸이 붉은빛이 도는 갈색이라 적갈이라는 낱말을 붙인 거야.

거미그물 짓는 법

새벽들: 예전에 적갈어리왕거미를 거미그물에서 떼어 낸 다음에 가느다란 막대기 위에 올려놓은 적이 있어. 거미가 어떻게 거미그물을 만드는지 궁금했거든.

그때 보니까, 먼저 거미가 나무 막대기 위로 올라가더라. 그러고는 바람이 부는 방향으로 실젖을 돌리더니 거미줄을 뽑아내기 시작했어. 거미줄 한 가닥이 맞은편 나무에 닿자마자 실젖에서 새로운 거미줄을 만들면서 거미줄을 타고 건너편 끝에 닿으면 다시 가운데로 와서 아래로 내려가지. 그러면 그물의 모양이 Y처럼 된단다. 그 다음에 방패연의 살처럼 여러 방향으로 세로줄을 쳐. 세로줄을 다 치고 나면 가운데를 중심으로 해서 바깥으로 돌아 나가면서 가로줄을 만들어 가는 거야. 어때, 내 설명을 알아듣겠니?

알주머니를 지키는 적갈어리왕거미 암컷

거미줄을 뽑아내는 적갈어리왕거미 암컷

다섯째 날 111

영서: 좀 어렵긴 해도 거미가 그물 짓는 걸 보면서 얘기를 들으니까 알겠어요. 근데 다른 거미들도 이렇게 만들어요? 아니면 왕거미들만 그런 거예요?

새벽들: 거미들마다 거미그물이 다르니까 방법도 다르겠지.

영서: 그리고 세로줄은 거미가 다니는 줄이기 때문에 끈끈하지가 않아요. 가로줄은 끈끈해서 먹이를 잡는 데 써요. 맞죠?

새벽들: 와, 대단한데? 하하하.

영서: 거미 박사 친구가 얘기해 줬어요. 그런데 왜 거미들은 다들 다른 모양으로 그물을 만들까요?

새벽들: 사람들도 각자 다른 형태의 집에서 살잖아? 자기가 좋아하는 장소와 형태가 있는 것처럼. 거미들도 마찬가지겠지. 어떻게 하면 더 먹이를 잘 잡고 새끼들을 잘 키울까 하고 생각한 결과가 아닐까? 우리 이참에 거미그물을 좀 더 찾아볼까? 생각보다 거미그물이 다양하거든.

왕거미과의 그물. 야행성 거미들은 어두워지면 거미그물을 만들기 시작한다.

점연두어리왕거미의 둥근 수직 그물

거미줄을 뽑아내는 북왕거미

민갈거미의 둥근 수평 그물

거미그물에 걸린 꽃매미. 다리가 모두 가로줄에 걸려 있다.

영서: 하루 종일 거미그물만 보고 다녀도 심심하지 않을 것 같아요. 우리 이번에는 저 다리를 건너서 반대쪽에 가 봐요.

새벽들: 그러자. 아마 다리에서 뭔가를 보게 되겠지.

영서: 정말이네요. 난간에 거미가 붙어 있어요. 털이 엄청 많아요. 이 거미는 이름이 뭐예요?

새벽들: 골목왕거미.

영서: 골목왕거미요? 이 녀석이 골목대장이에요?

새벽들: 글쎄, 거기까지는 모르겠다. 하하하. 이 거미가 주로 사는 곳이 골목 같은 구석진 곳이어서 이런 이름이 붙었어. 사실 골목뿐만 아니라 여러 곳에서 살아. 건물의 처마 밑이나 골목의 담장, 기차역이나 지하철역 그리고 강가에 있는 건물이나 다리에서도 살지.

골목왕거미 이름이 재미있지? 왕거미들 가운데 생김새와 이름이 재미있는 거미를 알려 줄게.

뿔왕거미 암컷.
어깨 부분이 날카롭게 솟아 있다.

뿔왕거미 수컷

골목왕거미

가시거미. 배가 딱딱한 키틴질로 되어 있다.
암컷은 배에 여섯 개의 돌기가 있다.

어깨왕거미 암컷. 어깨에 혹 같은 돌기가 있다.

영서: 으악, 이 거미는 뭔가요? 이렇게 큰 거미는 처음 봐요. 몸이 시커멓고 진짜 커요.

새벽들: 이 녀석은 산왕거미야. 몸도 크지만 그물도 크단다. 우리나라 거미 가운데 가장 큰 그물을 만들거든. 수직으로 둥근 그물을 치는데 저녁에 그물을 만들고 아침에 거둬. 장소나 날씨에 따라서 그냥 두기도 하지만.

영서: 거미그물을 보려면 밤에 와야겠어요. 밤에 탐험을 하면 더 신나겠죠?

새벽들: 기회를 봐서 밤에 한번 오자. 낮과는 완전히 다른 세상일 거야.

영서: 산왕거미는 몸이 시커매서 밤에는 잘 안 보일 것 같아요. 그런데 여기 보니까 먹이를 뭔가로 꽁꽁 싸 놓았어요.

새벽들: 그게 바로 싸개막이라는 거미줄이야. 한번 설명해 준 적이 있지? 싸개막은 거미그물을 만드는 거미줄과 다르게 안개처럼 나와서 보자기처럼 싸는

산왕거미

산왕거미가 만든 그물

산왕거미가 싸개막으로 먹이를 싸매고 있다.

다섯째 날 115

거미줄이야. 주로 먹이를 보관하려고 이 싸개막을 쓰지. 그물에 먹이가 걸리면 쏜살같이 달려 나와서 먹이를 사정없이 잡아채어 싸개막으로 둘둘 말아 놓는단다.

영서: 싸개막이 나오는 걸 보니까 거미가 스파이더맨 같아요.

새벽들: 이쪽으로 와 보렴. 이번에는 아주 예쁜 연두색을 가진 왕거미를 보여 줄게.

영서: 와, 색깔이 진짜 예뻐요. 몸에 노란색으로 V 모양이 있으니까 꼭 승리의 여신 같아요.

새벽들: 승리의 여신? 하하하. 그렇게 볼 수도 있겠다. 색이 참 예쁘지? 연두어리왕거미라고 불러. 산속에서도 살고 시골 마을의 가로등에 그물을 치고 살아. 낮에는 이렇게 나뭇잎 뒷면에 숨어 있다가 밤이 되면 그물을 치고 사냥을 하지. 저녁에 친 그물은 아침이 되면 먹어 버려서 낮에는 보기가 어려워.

영서: 거미가 그물을 먹어요? 왜요?

새벽들: 거미줄은 단백질로 되어 있어. 그래서 단백질이 많은 음식을 먹어야 거미가 거미줄을 뽑아낼 수 있거든.

영서: 단백질이 많은 음식이 뭔데요?

새벽들: 곤충 몸에 단백질이 많지. 하지만 언제나 곤충을 먹을 수 있는 건 아니야. 어떨 때는 먹이가 없어서 굶을 때도 있겠지. 그렇다고 거미그물을 안 만들 수는 없잖니. 사냥을 해야 하는데.

영서: 배가 고파서 대신 그물을 먹는 거예요?

새벽들: 그보다는 자기가 만든 거미그물을 다시 쓰기로 마음먹은 게 아닐까? 거미그물이 단백질이니

연두어리왕거미 암컷과 알주머니

연두어리왕거미 수컷

연두어리왕거미 암컷

까 거미그물을 먹으면 단백질을 먹는 게 되고 그럼 다시 거미줄을 뽑아낼 수가 있으니까.

영서: 와, 거미가 저보다 똑똑한 것 같아요, 헤헤.

새벽들: 살기 위해서 이리저리 생각을 하다 보면 똑똑해질 수밖에 없겠지. 이쪽에 수컷도 있구나. 이젠 한눈에 봐도 수컷인 줄 알겠지?

영서: 네, 더듬이다리도 다르고 암컷보다 작고 날씬해요. 여기 벽에 알주머니도 붙어 있어요.

새벽들: 이쪽으로 좀 더 가 보자. 더 많은 왕거미들을 볼 수 있을 거야.

영서: 아저씨, 여기 보세요. 배드민턴 라켓처럼 생겼는데 그 가운데에 아주 작은 거미가 있어요.

새벽들: 이건 고려꽃왕거미란다. 우리나라 고유종이야. 왕거미들 가운데 이렇게 작고 예쁜 거미들을

고려꽃왕거미

지이어리왕거미.
변이가 많은 거미다.

다섯째 날 117

어리집왕거미 암컷
어리집왕거미 수컷
부리꽃왕거미 암컷
부리꽃왕거미 수컷
기생왕거미 암컷
기생왕거미 수컷
각시꽃왕거미 암컷
노랑무늬왕거미

북왕거미

석어리왕거미

손짓거미

손짓거미의 거미그물

따로 모아서 꽃왕거미라고 불러. 1센티미터도 안 되는 아주 작은 거미들이야.

영서: 아저씨, 여기서 좀 쉬었다 가요.

새벽들: 그러자. 힘든가 보구나.

영서: 조금 힘들어요. 그래도 새로운 거미들을 보는 건 재밌어요. 아저씨는 어느 거미가 가장 신기했어요?

새벽들: 가장 신기한 거미? 음, 손짓거미.

영서: 손짓거미요? 거미가 손짓이라도 하나요?

새벽들: 그래, 꼭 손짓하는 것 같은 모습이야.

영서: 정말이요? 어떻게 생겼는지 되게 궁금해요.

새벽들: 처음에는 거미인 줄도 몰랐어. 손짓거미가 거미줄에 매달려서 길게 늘어져 있으면 작은 나뭇가지처럼 보이거든. 마침 카메라에 찍어 놓은 사진이 있으니까 보여 줄게.

영서: 와, 진짜 나뭇가지처럼 생겼어요.

새벽들: 알주머니도 나뭇가지처럼 생겼어. 정말 이게 거미의 알주머니가 맞나 싶을 정도라니까. 손짓거미가 산속 나뭇가지에다 거미줄을 한 가닥 치고서 그 끝에 매달려 있으면 진짜 나뭇가지 같지.

영서: 한 가닥 거미줄에 매달려 있다고요?

새벽들: 거미줄이 다른 거미들 것보다 훨씬 끈끈하거든. 거미줄에 먹이가 걸리면 거미줄을 잡아당기거나 튕기면서 먹이가 거미줄에 완전히 달라붙게 한단다. 먹는 방법도 다른 거미들과 달리 거미줄로 먹이를 묶어서 머리에 이고 있다가 잡아먹어.

영서: 왜 그렇게 힘들게 사냥을 할까요? 독을 뿌리면 되잖아요.

새벽들: 손짓거미 같은 응달거미들은 독샘이 없어. 그래서 거미줄과 위턱만으로 먹이를 잡아먹지. 손짓거미와 아주 비슷한 거미로 유럽응달거미가 있단다. 언뜻 보면 같은 거미인 줄 알아.

다섯째 날

손짓거미 암컷과 알주머니

유럽응달거미

꼬리거미. 화가 나면 배 끝을 치켜든다.

영서: 정말 신기해요. 이 거미들처럼 신기한 거미가 또 있어요?

새벽들: 있지. 꼬리거미라고. 이 거미도 워낙 독특하게 생겨서 처음 본 사람은 거미라고 생각도 못할 걸? 어찌 보면 각다귀 같고, 또 어찌 보면 대벌레처럼 보이기도 해.

영서: 이 녀석은 진짜 꼬리가 달렸어요. 이게 정말 거미예요?

새벽들: 꼬리 같은 게 배란다. 이렇게 길게 뻗어 있는 배를 자유롭게 움직일 수도 있어. 위험하면 배 끝을 말기도 하고 화가 나면 전갈처럼 치켜들기도 하지.

영서: 꼬리거미의 알주머니는 어떻게 생겼어요?

새벽들: 알주머니는 곤봉처럼 생겼어.

영서: 진짜 신기해요, 이게 거미라니. 이런 신기한 거미들이 우리 곁에서 살고 있었다니……. 더 일찍 알았

꼬리거미 암컷과 알주머니

으면 좋았을 텐데.

새벽들: 늦었다고 생각할 때가 가장 빠른 때란다. 자, 오늘은 여기서 마무리하자. 내일은 어디로 가고 싶니?

영서: 아까부터 생각하고 있었는데요, 내일은 밤에 만나면 안 될까요? 밤에 거미들이 어떻게 하고 있는지 보고 싶어요.

새벽들: 좋은 생각이야. 안 그래도 밤에 한번 만나고 싶었는데, 우리가 마음이 통했구나? 좋아, 내일은 밤에 보자.

영서: 그런데요, 내일은 제 친구랑 같이 오면 안 될까요? 거미 박사 친구요. 그 친구한테 거미 관찰 여행을 다닌다고 하니까 자기도 오고 싶대요.

새벽들: 그거야 대환영이지. 내일 같이 오렴.

영서: 네, 알겠습니다! 헤헤. 내일 뵐게요.

새벽들: 조심히 가렴. 안녕!

거미 관찰 여행
여 섯 째 날

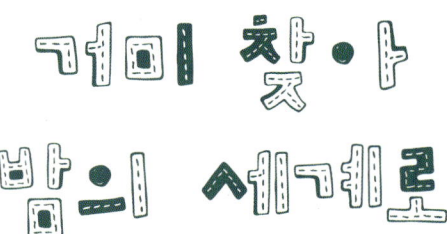
거미 찾아 밤의 세계로

(보름달이 뜬 밤이다. 산 밑에서 새벽들 아저씨가 손전등을 비추고 있다. 영서와 진욱이가 아저씨에게 다가온다.)

진욱: 안녕하세요. 아저씨, 불러 주셔서 감사합니다. 오늘 잘 부탁드려요.

새벽들: 어서 오렴. 만나서 반갑다. 나도 잘 부탁해. 그런데 아까부터 웃고 있던데, 내 얼굴에 뭐라도 묻었니?

진욱: 아니에요. 영서가 한 얘기가 갑자기 생각나서요.

새벽들: 영서가 뭐라고 얘기를 했는데?

진욱: 동네 아저씨랑 거미 관찰 여행을 다니는데 그 아저씨가 생긴 건 산적인데 말투는 아줌마라고…….

새벽들: 뭐라고? 너희 두 사람, 이렇게 잘생긴 산적 본 적 있니? 하하하, 아주 솔직한 친구구나. 좋아, 아주 좋아! 자, 오늘은 장비를 나눠 줄 테니까 받아. 이건 헤드램프, 이건 손전등, 이건 장갑, 이건 채집통이야. 밤이니까 정말정말 조심해야 돼. 준비됐으면 이제 출발할까?

영서와 진욱: 네!

새벽들: 오늘은 두 사람이나 함께 하니까 아주 든든하네. 자, 이쪽으로 가 보자. 조심하면서 손전등을 잘 비추고 따라와야 해. 조금 올라가면 계곡이 나타날 거야. 계곡 옆에는 논이 있고, 그 위로 쭉 올라가면 산으로 이어진단다.

영서: 와, 개구리다. 근데 등이 울퉁불퉁하네?

새벽들: 그건 옴개구리야. 밤이 되니까 이 녀석들이 겁 없이 돌아다니네. 오늘 이 녀석들을 아주 많이 보게 될 거야. 여기 가재도 있네. 이쪽으로 불을 비춰 봐. 가재도 야행성이라서 밤에는 쉽게 볼 수 있어.

영서: 밤에 오니까 다른 세계에 온 것 같아요. 나비도 잠자리도 잠을 자느라고 꼼짝도 안 해요. 불을 비추니까 애벌레가 '얼음' 하는데요?

진욱: 저건 사슴벌레 같다. 하늘소도 있어요. 이건 태극나방이에요. 밤에 보니까 왠지 더 멋지다.

새벽들: 하하하, 둘이 완전 신났구나. 지나치게 흥

옴개구리

가재

호랑나비

버들하늘소

으름밤나방 애벌레

큰밀잠자리 수컷

흰줄태극나방

애사슴벌레 수컷

밤에는 사마귀 눈이 검은색으로 변한다.

여섯째 날 **123**

분하면 다칠 수 있으니까 조심조심. 밤에는 다른 생물들이 쉬기도 하니까 조용히 다녀야 해.

진욱: 여기 바위틈에 흙덩어리가 매달려 있고, 나뭇가지도 그 아래에 매달려 있어요.

영서: 아마 이것도 거미가 만들었을 거야.

새벽들: 가운데에 있는 흙 알갱이를 자세히 보렴.

진욱: 찾았어요. 아주 작은 거미가 매달려 있어요.

새벽들: 아주 작기 때문에 자세히 봐야 해. 몸길이가 2밀리미터밖에 안 되거든. 종꼬마거미는 흙이나 모래나 작은 나무 조각을 써서 종 모양으로 은신처를 만들지.

진욱: 여기에 작은 항아리 같은 게 달려 있어요. 거미그물은 좀 엉성해요. 거미 같은 게 있는데 이상하게 생겼어요. 꼭 사마귀 얼굴 같아요.

영서: 어디? 악! 외계인 얼굴인데?

새벽들: 이건 큰새똥거미야. 잘 찾았네. 항아리처럼 보이는 건 알주머니야. 거미를 좀 볼까?

진욱: 그런데 왜 새똥이에요?

새벽들: 이 거미가 웅크리고 있으면 꼭 새똥처럼 보이거든.

영서: 이런 거미는 처음 봐요.

새벽들: 이런 산길뿐 아니라 과수원, 콩밭, 뽕나무밭, 갈대밭이랑 논에 가도 볼 수 있어. 다 큰 거미들은 7~9월에 볼 수 있지. 암컷이 수컷보다 훨씬 커. 암컷은 10~13밀리미터인데 수컷은 고작 2밀리미터밖에 안 돼.

종꼬마거미의 거미그물

종꼬마거미

큰새똥거미의 알주머니와 거미그물

큰새똥거미 암컷

연두어리왕거미

각시어리왕거미의 거미그물

왕거미과의 거미그물

영서: 이 거미도 그물을 만들어요?

새벽들: 응. 50~150센티미터쯤 되는 둥근 그물을 치고서 모기 같은 곤충을 잡아먹고 살지.

영서: 그럼 이 거미그물은 아직 다 안 만들었나 봐요.

새벽들: 그물을 만들다가 우리가 손전등을 비추니까 잎 뒤에 숨은 거 같아. 보통 거미들은 그물 가운데에 있는 '바퀴통'에 머무는데 이 거미그물에는 바퀴통이 없어. 그래서 잎 뒤에 숨는 거야.

진욱: 이 그물은 땅과 수평이에요.

새벽들: 그렇지. 왕거미과의 다른 거미들과 달리 수평으로 그물을 쳐. 그물을 다 만들면 신호줄이 붙어 있는 잎 뒷면에 매달려서 먹이가 걸리기를 기다리지. 먹이가 걸리면 거미줄을 끊어서 먹이를 매달아 놓고 마취시킨 다음에 먹는다고 해.

영서: 생김새도, 하는 행동도 이상해요. 밤에 오니까 거미도 거미지만 거미그물이 더 잘 보여요. 저건 왕거미 그물 같은데요?

새벽들: 우리 가까이 가서 볼까? 거미가 틀림없이 있을 거야. 어느 왕거미일까? 오, 승리의 여신인데?

영서: 연두어리왕거미, 맞죠?

새벽들: 빙고! 정답입니다.

진욱: 와, 너 아저씨랑 여행을 다니더니 거미 박사가 다 됐네. 부럽다.

영서: 강아지풀 사이에도 거미그물이 있어요.

새벽들: 잘 봤다. 지난번에 봤던 각시어리왕거미가 만든 거미그물이구나. 각시라는 단어가 왜 들어갔는지 이제는 알지?

진욱: 저도 알아요. 예쁘다는 뜻이죠? 각시물자라, 각시붕어할 때 그 각시처럼요.

새벽들: 와, 역시 대단하구나. 하하하.

영서: 무당거미도 보여요. 밤에 보니까 달라 보여요. 여기에도 있고. 밤에 더 많이 보이는걸요?

여섯째 날 125

무당거미의 거미그물

깡충거미의 은신처

갈거미과의 거미그물

은신처에서 나온 깡충거미

진욱: 여기 좀 보세요. 그물이 수평으로 되어 있어요. 흠, 아까 본 큰새똥거미와는 다른데, 이건 어느 거미가 만든 걸까요?

새벽들: 갈거미들이 만든 거야. 민갈거미나 꼬마백금거미나 장수갈거미가 만들었을 것 같아. 이 거미들은 물에서 날개돋이를 하고 나오는 곤충들을 사냥하기 때문에 이렇게 수평으로 둥근 그물을 치는 거야. 거미의 다리를 한번 봐. 왕거미들보다는 훨씬 더 길지?

영서: 정말 그러네요. 다리가 길고 더 날씬해요.

진욱: 이건 아주 작은 집이에요. 아주 작은 거미가 만들었나 봐요.

새벽들: 깡충거미가 만든 은신처인 것 같다. 예전에 이렇게 생긴 걸 가지고 와서 사육장 안에 두었지.

얼마 지나지 않아 거미가 나오더라고. 아주 귀여운 깡충거미였어.

영서: 여기 그물을 만들고 있는 왕거미가 있어요. 산왕거미보다는 작은데요?

새벽들: 저렇게는 무슨 거미인지 알 수가 없어. 거미에게는 미안하지만 거미를 채집해서 보자. 채집통에 조심히 넣어 보렴.

영서: 혹시 적갈어리왕거미 아닌가요? 지난번에 본 적이 있었는데.

새벽들: 그렇구나. 거미그물도 다 만들었나 보다. 역시 거미는 대단한 건축가들이란 말이야!

영서: 진짜요!

새벽들: 하하하, 이렇게 자꾸 감동해야 자연을 더 잘 알게 되는 법이지.

적갈어리왕거미의 거미그물

삼각점연두꼬마거미의 거미그물

적갈어리왕거미 암컷

테두리접시거미의 거미그물

점박이꼬마거미의 거미그물

들풀거미의 거미그물

진욱: 네?

영서: 짜식, '자연은 감동하는 사람의 것이다!' 이런 말씀이야.

진욱: 뭐, 자연은 감동하는 사람의 것?

영서: 너도 알 때가 있을 거야. 때가 되면 다 알게 되지, 헤헤.

새벽들: 하하하, 내 흉내를 내다니. 자, 이쪽으로 와 보렴. 아주 작고 귀여운 거미를 보여 줄 테니까.

진욱: 우와, 이 거미그물들은 아까 본 것들과는 달라요. 헝클어진 것 같기도 하고 뭔가 예술가의 혼이 느껴지는데요?

새벽들: 예술가의 혼이라고? 하하하. 우리 여기서 좀 쉬었다 갈까? 밤에는 눈도 눈이지만 귀를 더 열어야 하거든. 가만히 앉아서 밤의 소리를 들으면 새

왕거미과의 거미그물

살깃자갈거미. 거미그물에 개미 한 마리가 걸려 있다.

먹닷거미

로운 세계에 들어온 기분이 든단 말이야. 새소리, 곤충 울음소리, 밤이 내는 신비로운 소리들. 여기 조용히 앉아서 눈을 감고 귀만 열어 놓고, 밤의 소리를 들어 보자.

영서: 아저씨, 그런데요, 여기 축대에 거미그물이 되게 많아요. 시커먼 거미도 한 마리 있어요. 아니다, 하얀 줄무늬가 있네.

새벽들: 아이고, 잠시도 못 참는구나. 거미를 알고 싶은 마음이 그만큼 크다는 것이니, 좋아! 어디 한 번 보자. 음, 살깃자갈거미란다. 이 거미는 습하고 햇볕이 잘 드는 곳을 좋아하지. 자갈이 있는 강가나 계곡이나 낙엽이 쌓인 곳에 많아.

영서: 살깃자갈거미? 자갈이 많은 곳에 살아서 이름에 자갈을 넣었나 봐요.

진욱: 그럼 살깃은?

영서: 이 하얀 줄무늬가 살깃 무늬인가 봐. 살깃은 화살 깃이죠?

새벽들: 이젠 내가 설명해 주지 않아도 되겠는걸?

진욱: 그물에 개미가 한 마리 걸려 있어요.

새벽들: 그물이 아무렇게나 만든 것처럼 엉성해 보여도 개미 같은 곤충들이 잘 걸리지.

진욱: 여기도 거미가 한 마리 있어요. 늑대거미 같은데, 이건 무슨 거미죠?

새벽들: 이건 너희가 한번 맞혀 보렴. '전혀 촌스럽지 않다.'가 힌트야.

영서: 촌티늑대거미, 맞죠?

새벽들: 딩동댕! 정답입니다.

새벽들: 저기 보렴. 나무 틈에 거미가 한 마리 나와

사냥을 나온 촌티늑대거미

먹이를 기다리고 있는 한국깔때기거미

있네. 이번에도 한번 맞혀 보렴. 온 세계에서 우리나라에만 사는 거미인데 그물을 자세히 보면 답을 알 수 있을 거야.

영서: 음, 우리나라에만 사니까 이름에 한국이 들어가고…… 거미그물은 깔때기 모양이네요. 그러면…….

진욱: 한국깔때기거미!

새벽들: 정답입니다! 둘 다 거미 박사라고 불릴 만한데? 하하하.

영서: 계곡에 오니까 거미가 많이 보여요. 이 바위에도 거미가 한 마리 붙어 있어요. 아주 커요. 지난번에 본 그 낚시거미 아닌가요?

새벽들: 불을 비춰 보렴. 먹닷거미구나. 황닷거미랑 친구잖아. 생각나니?

영서: 네.

진욱: 어, 저것도 먹닷거미인가요? 이건 조금 다르게 생겼어요. 혹시 농발거미 아니에요?

새벽들: 음, 그런 것 같긴 한데. 농발거미들은 엄청 빠르거든. 조심해서 채집통에 넣어 보자. 어디 보자, 농발거미가 맞나?

진욱: 이거 별농발거미 같은데요?

새벽들: 와, 역시 거미 박사라서 다르구나. 자료에는 성숙기가 6~7월로 되어 있는데 일 년 내내 성체를 볼 수 있어.

진욱: 이 거미를 키운 적이 있어요. 제가 가입한 거미 연구회에서 이 거미를 키우는 친구들이 많아요. 이 거미만 연구하는 사람도 있어요. 별농발거미 말고도 다른 농발거미들도 많던데…….

새벽들: 맞아. 그런데 이름이 바뀌었어. 농발거미만

여섯째 날

빼고, 이름에 농발거미가 붙은 거미는 요즘에는 거북이등거미라고 불러. 거북이등거미들은 거미 연구가나 거미 애호가들에게 아주 인기가 있지. 지금도 이 거미들을 연구하고 있어서 더 많은 신종이 발표될 거야.

진욱: 근데 농발이 뭐예요?

새벽들: 농발은 옛날 장롱의 다리와 다리 사이에 길게 댄 막대기를 말해. 긴 막대기니까 긴 다리를 뜻하는 거겠지? 우리나라 거미 가운데 농발거미과 말고도 이름에 농발이 들어간 거미가 여럿 있어. 농발어리염낭거미랑 농발접시거미도 있는데 모두 몸보다 다리가 훨씬 길지.

영서: 진욱이가 별농발거미, 아니 **별거북이등거미를 키울 때 저도 봤어요**. 사진을 찍으려고 사육장의 뚜껑을 열어 놨는데요. 거미가 탈출한 거예요. 벽을 타고 도망가는데 진짜 빨라요. 둘이서 잡느라고 엄청 힘들었어요.

새벽들: 나도 그랬단다. 이 거미를 한 번이라도 직접 본 사람은 알겠지만 거미가 도망치는 속도는 상상을 초월하지. 엄청 빠른 데다가 미끄러운 화장실 벽면이나 유리병도 거리낌 없이 올라가거든.

영서: 어떻게 그럴 수가 있어요?

새벽들: 비밀은 바로 발톱 끝에 있는 털 다발이야. 거미의 발끝에 발톱이 두 개 있는데, 발톱 아래에 털이 무성하게 나 있어. 그 털 하나하나가 작은 발이라고 생각해 보렴. 아주 많은 발바닥으로 디디면 어렵지 않게 다닐 수 있겠지?

진욱: 거미들은 털북숭이가 많은 거 같아요.

영서: 긴 다리에 털투성이라, 아저씨 다리네? 헤헤.

새벽들: 암컷이 벽에 붙여 놓은 알주머니를 지킬 때에도 알주머니 위에서 긴 다리를 벌리고 서서 지키고 있지.

진욱: 여기서 농발거미를 보다니……, 진짜 반갑다. 여기에 오길 잘했어요. 배운 게 많아요.

새벽들: 무언가 얻은 게 있다니 다행이다. 밤도 깊었으니까 우리 오늘은 여기서 마무리를 하는 게 좋겠어.

진욱: 벌써요? 아쉽다. 언제 또 여행을 하는데요? 또 오고 싶은데. 저, 또 와도 되죠?

새벽들: 음, 영서가 초대한 거니까 먼저 영서한테 허락을 받으면 나도 생각해 볼게.

영서: 그러니까 나한테 잘 보이라고. 그냥 혼자 다니고 싶지만, 에이, 친구 하나 살려 주지, 뭐. 허락하노라!

새벽들: 하하하.

영서: 내일은 어디로 갈 건데요?

새벽들: 내일은 이 여행의 마지막 날이 될 거야. 그렇다고 거미에 대한 관심과 사랑이 끝난 건 아니야. 언제 어딜 가나 거미를 볼 수 있으니까 친구들끼리 이 여행을 계속해도 되지. 그나저나 내일은 어디로 가나? 마지막이니까 우리 바다로 가 볼까? 어때?

영서: 완전 좋아요.

진욱: 완전 신나요.

새벽들: 하하하, 내일은 멀리 가야 하니까 잠을 푹 자도록 하렴. 그럼 내일 보자꾸나. 안녕!

별거북이등거미

한국거북이등거미

별거북이등거미 암컷과 알주머니

화살거북이등거미

농발거미

여섯째 날 **131**

거미 관찰 여행
일 곱 째 날

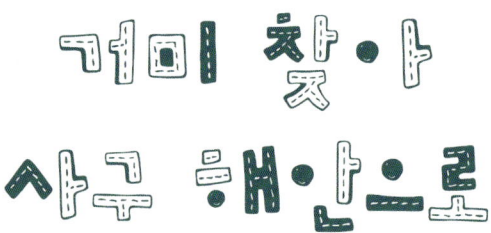
거미 찾아 사구 해안으로

(새벽들 아저씨가 이리저리 바쁘게 차에 무언가를 실어 나른다. 영서와 진욱이가 아저씨 일을 거든 뒤 세 사람이 함께 차에 탄다.)

새벽들: 모두 준비됐니? 출발해도 될까?
영서, 진욱: 네, 좋아요. 출발!
새벽들: 오늘은 차를 타고 가야 하니까 차 안에서 거미 이야기를 좀 해 줄게. 너희도 궁금한 게 있으면 물어 보렴.
영서: 저 있어요. 천연기념물 거미 있잖아요, 물거미요. 물거미가 사는 곳은 먼가요? 한번 가보고 싶은데…….
새벽들: 천연기념물이라……. 아직도 천연기념물만 소중하다고 생각하니?
영서: 아니요, 모든 생명은 다 똑같이 소중해요! 헤헤.
새벽들: 하하하, 물거미는 우리나라에서 천연기념물로 보호하기 때문에 관찰하거나 채집할 수 없어. 물거미는 경기도 연천군의 은대리에 있는 습지에서 사는데, 환경부라는 곳에서 허락을 받아야 들어갈 수 있단다. 게다가 습지가 군부대 안에 있어서 허락을 받기가 더 어려워.
영서: 아, 아쉽다. 물거미를 꼭 보고 싶었는데……. 대신 물거미 얘기 좀 해 주세요.
새벽들: 그 부탁은 기꺼이 들어줄 수 있지, 하하하. 물거미는 물속에서 산다고 물거미라고 불러. 온 세계에서 물속에서 살 수 있는 거미는 오직 물거미밖에 없다는구나. 아직까지는 물거미 말고 물속에서 살 수 있는 다른 거미를 못 찾았다고 생각하면 돼.
진욱: 물거미가 우리나라에도 산다는 건 언제 알게 되었어요?
새벽들: 1995년에 초등학교 선생님인 임헌영 선생님이 발견하고 나서 처음으로 알려지게 됐지.
영서: 몸은 얼마만 해요?
새벽들: 암컷이 8~15밀리미터고, 수컷은 9~12밀리미터야.
진욱: 물고기도 아닌데 어떻게 물속에서 살 수 있어요? 숨은 어떻게 쉬나요?

물거미. 머리가슴과 배가 은색의 막으로 감싸여 있다. 물풀을 타고 옮겨 가고 있다.

새벽들: 물거미가 물속에 있을 때는 공기 막이 몸을 감싸고 있지. 공기 막 덕분에 헤엄도 칠 수 있고 숨도 쉴 수 있는 거야.

진욱: 먹닷거미도 헤엄은 칠 수 있잖아요.

새벽들: 맞아. 다른 점은 물거미는 물속에다가 공기집을 지어서 그 안에서 산다는 거야.

영서: 공기로 집을 지어요?

새벽들: 응. 물 위에 있는 공기를 자기 배에 방울처럼 매달고 내려와서 공기집을 짓지. 뒤쪽 다리로 공기 방울을 붙들고 내려온단다.

영서: 공기로 만든 집이면 둥둥 떠내려가지 않을까요?

새벽들: 공기집이 안 떠내려가게끔 먼저 거미줄로 풀이나 땅에 붙들어 놔. 그러고서 자기 몸이 들어갈 만한 크기가 될 때까지 공기를 날라다가 집을 짓지. 다 지으면 공기집에서 먹이도 먹고 탈피도 하고 짝짓기도 하고 알도 낳는단다. 물거미는 공기집을 여러 개 만들어 놓고 옮겨 다니며 산대. 공기집 안에서 거의 모든 시간을 보낼 뿐만 아니라 겨울잠도 그곳에서 잔다는구나.

진욱: 물거미가 겨울잠을 물속에서 잔다는 거예요?

새벽들: 원래는 물거미가 땅 위의 물풀 사이에서 겨울잠을 잔다고 알려졌는데, 2014년에 어린 물거미가 공기집 겉을 거미줄로 감싸 놓고 그 안에서 겨울잠을 자는 걸 발견했거든. 물거미가 땅 위와 물속 공기집에서 겨울잠을 잔다고 봐야겠지.

영서: 정말 신기한 거미네요.

진욱: 그런데 아저씨, 오늘 우리 어디로 가는 거예요? 동해요, 아니면 서해요?

새벽들: 서해에 있는 신두리라는 곳으로 갈 거야. 신두리는 모래 언덕이 아주 유명한 곳이란다. 가 보면 알겠지만 마치 사막처럼 보이지.

영서: 모래 언덕? 사막?

새벽들: 한자로 모래 사(沙) 자에 언덕 구(丘) 자를 써서 사구라고 해. 바닷가에 있어서 해안 사구라고도 하고. 이 해안 사구는 생태계에서 아주 중요한 역할을 한단다. 게다가 생태계가 독특해서 그곳을 천연기념물로 보호하고 있어.

진욱: 한번 들어 본 것 같아요. 그 옆에 무슨 유명한 습지가 있지 않아요?

새벽들: 알고 있구나. 두웅습지라고 람사르 협약에 등록된 습지란다.

공기집 안에 물거미가 들어 있다.

영서: 람사르요?

새벽들: 람사르는 이란의 작은 해안 도시야. 1971년에 이곳에서 열여덟 나라가 모여서 약속을 했어. 그 약속은 '물새 서식지로서 특히 국제적으로 중요한 습지에 관한 협약'이라는 건데, 짧게 람사르 협약이라고 해. 쉽게 말하면 다양한 생물들이 사는 습지를 여러 나라가 힘을 합쳐서 보호하자는 약속이야.

진욱: 우리나라 습지도요?

새벽들: 그럼. 우리나라는 대암산 용늪, 창녕 우포늪, 인천 강화도 매화마름 군락지 그리고 태안 산두리 두웅습지를 포함해서 열여섯 곳을 보호할 습지로 정했어.

진욱: 갑자기 궁금한 게 생각났어요. 제 친구가요, 거미줄로 방탄복을 만든다고 했는데, 진짜예요?

새벽들: 그건 퀴즈로 풀어 보는 게 좋겠다. 같은 굵기의 강철과 거미줄이 있어. 어느 것이 더 강할까?

영서: 당연히 거미줄이겠죠. 만약에 강철이 강하다면 이런 문제를 안 냈겠죠, 그렇죠?

새벽들: 하하, 정답입니다! 맞아. 같은 굵기에선 거미줄이 강철보다 다섯 배나 강하대. 그래서 이 거미줄로 방탄복이나 우주복을 만들려고 연구하기도 했단다. 하지만 그런 옷을 만들려면 엄청 많은 거미줄이 있어야겠지? 많은 거미줄을 만들려면 거미들도 그만큼 많이 길러야 하고. 그런데 너희도 알다시피 거미는 집단생활을 못하잖아. 많이 모아서 기를 수가 없으니까 아직도 실험을 하고 있대. 일본의 어떤 거미 학자는 거미줄로 바이올린 줄을 만들어서 직접 연주했다고도 하지.

진욱: 저 궁금한 게 있어요. 사마귀하고 거미랑 싸우면 누가 이겨요? 저번에 사마귀가 거미를 먹는 걸 봤어요. 사마귀가 더 세죠?

영서: 아니거든. 거미가 더 세거든. 난 거미가 메뚜기

사마귀의 거미 사냥

긴호랑거미의 곤충 사냥

랑 잠자리 같은 큰 곤충을 잡아먹는 걸 봤거든.

새벽들: 워워, 이러다가 싸울라. 내 생각엔 누가 먼저 공격하느냐에 따라 승패가 날 것 같아. 만약 사마귀가 먼저 거미를 보고 공격한다면 아무리 독이 있는 거미라도 사마귀를 당해 낼 수 없을 거고. 반대로 거미가 먼저 사마귀를 독니로 물어 버리면 당연히 거미가 이길 거고.

영서: 우리나라에 거미를 키우는 사람이 많아요? 저도 거미를 키우고 싶은데 어떻게 해야 할지 모르겠어요.

새벽들: 그건 옆에 있는 진욱이가 더 잘 알 것 같은데, 대신 대답해 주면 안 될까?

진욱: 좋아요, 저는 먼저 인터넷 동호회에 가입했어요. 거기에서는 우리나라 거미를 국검이라고 불러요. 한국 거미라는 뜻이래요. 국검을 키우는 방법도 배우고 서로 키우는 거미를 바꾸기도 해요. 그리고 거미 전시회도 가고 친구들도 사귀지요. 저는 얼마 전에 거미 싸움 대회에도 가 봤어요. 좀 더 크면 채집도 다니고 친구들도 더 많이 사귀고 거미 연구회 같은 곳에서 거미 연구도 할 거예요. 특히 거북이등거미요. 어제 보니까 완전 멋있었어요.

새벽들: 와, 대단한걸? 자기가 좋아하는 일을 차근차근 계획하며 실천하는 자세, 정말 멋지다. 우리나라에 거미를 키우는 사람들이 생각보다 많더라고. 중고등학생들 가운데 이미 거미에 대해 지식과 경험이 많은 학생들이 꽤 있다고 들었어. 나도 그런 친구들한테 배우기도 한단다.

거미 싸움 대회에서 싸우고 있는 한국깔때기거미

거미 전시회

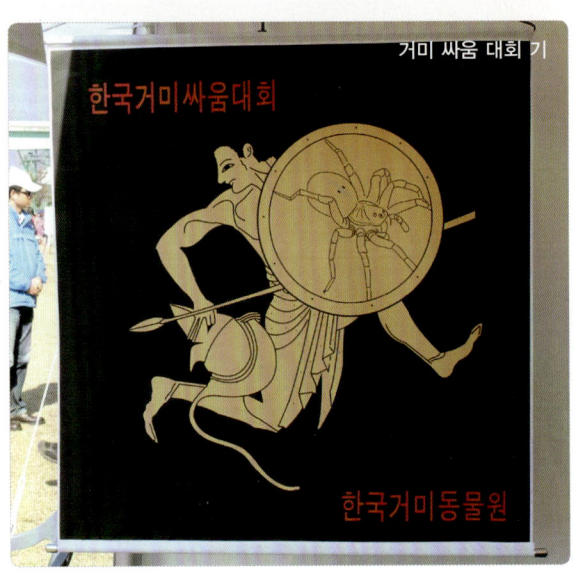

거미 싸움 대회 기

다 왔다. 자, 내리자. 여기가 두웅습지란다. 꼬마잠자리와 금개구리가 사는 곳으로 유명하지. 잠깐 둘러볼까?

영서: 아저씨, 혹시 저게 금개구리예요? 저기요.

새벽들: 저건 참개구리야. 여기가 금개구리가 사는 곳이 맞긴 한데, 요즘에는 어쩐 일인지 금개구리보다는 참개구리나 외국에서 들여온 황소개구리가 더 많은 것 같다.

영서: 황소개구리는 뱀도 잡아먹는다면서요?

새벽들: 맞아. 개구리가 뱀을 잡아먹으면 우리의 생태계가 뒤죽박죽이 되겠지? 이 두웅습지에서도 황소개구리를 올챙이 때부터 잡아서 없애려고 하지만 잘 안 되는 거 같아. 생태계가 한번 무너지면 다시 살리는 데 시간이 오래 걸리고 노력도 많이 해야 하거든.

진욱: 저게 황소개구리예요?

새벽들: 그래, 저 녀석이 황소개구리야. 여기저기 많이 보이네. 황소개구리는 올챙이도 아주 크단다.

영서: 여기 거미가 있어요. 이거 지난번에 본 것 같은데……. 아닌 것도 같고.

새벽들: 몸빛이 좀 다르긴 해도 각시어리왕거미구나. 몸빛은 사는 곳에 따라 얼마든지 달라질 수 있거든.

진욱: 같은 거미인데도 바닷가에서 사는 거미들은 달라요?

새벽들: 그럴 수 있지. 이따가 바다 쪽으로 가서 거

두웅습지

참개구리

황소개구리와 올챙이

신두리 해안

미들을 찾아보면 답이 나오겠지. 조금만 가면 되니까 슬슬 움직여 볼까?

영서: 와, 바다다. 우리 여기서 좀 놀다 가요, 네?
새벽들: 좋아! 신나게 놀아 볼까? 신발부터 벗고. 야- 신난다!
진욱: 헉, 아저씨가 우리보다 더 신이 난 거 같은데요?
새벽들: 그런가? 하하하. 여긴 우리 동네에서는 못 보는 신기한 생물들이 많잖아. 게도 있고, 불가사리도 있고, 조개껍질도 많고. 완전히 다른 세계인데 신이 안 날 수가 없지!
진욱: 아저씨, 이쪽으로 와 보세요. 여기 발자국이 있어요. 금방 지나간 것 같아요. 빨리요!
새벽들: 혹시 장지뱀의 발자국이 아닐까? 여기에서 표범장지뱀이 사니까 표범장지뱀의 발자국일지도 모르겠다. 운이 좋으면 표범 무늬가 있는 장지뱀을 볼 수도 있을 것 같네. 표범장지뱀은 멸종할 위기가 있어서 보호하는 동물이거든.

밀집날개갯지렁이가 숨을 쉬는 관

주꾸미 알

별불가사리에 붙어 있는 게붙이

아무르불가사리

별불가사리

모래방울벌레

엽낭게

달랑게

서해비단고둥. 서해안 모래 갯벌에 많이 산다.

영서: 저기 도마뱀처럼 생긴 게 있어요.

새벽들: 와, 진짜 표범장지뱀이구나.

진욱: 한 마리 더 있어요. 우리를 경계하나 봐요. 꼼짝도 안 해요.

영서: 여기 와 보세요, 빨리요. 늑대거미 같아요. 이런 거미가 굉장히 많아요.

새벽들: 어디? 늑대거미가 맞긴 한데 무슨 늑대거미인지는 지금은 잘 모르겠다. 무늬를 보면 별늑대거미 같은데 뭔가 다른 느낌이야. 좀 더 관찰해 봐야겠어.

진욱: 무늬가 다르면 다른 거미 아닌가요?

새벽들: 어쩌면 새로운 늑대거미일지도 모르지. 이게 만약 별늑대거미라면 눈에 안 띄려고 모래밭과 비슷하게 몸의 색과 무늬를 바꾸었을 거야. 바닷가에 사는 거미는 육지에서 사는 거미와 좀 달라. 같은 거미라도 사는 곳에 맞게 색과 무늬가 변해서 다른 거미처럼 보이기도 하지. 바닷가 모래밭에서 사는 사구늑대거미(신칭)랑 해안늑대거미(신칭)는 모래밭에 가만히 있으면 있는지조차 모른다니까. 몸의 무늬가 모래 같거든.

영서: 새로운 늑대거미가 아직도 발견이 돼요?

새벽들: 늑대거미들은 워낙 종류가 많기 때문에 끊이지 않고 미기록종이나 신종이 발견되고 있어.

진욱: 이쪽 모래밭에 깡충거미가 있어요. 작아서 잘 안 보이긴 하지만.

새벽들: 살깃깡충거미 암컷이구나. 모래밭에 있으니까 잘 안 보이지. 지난번에 습지에서 볼 때와는 다른 느낌이야. 같은 거미지만 사는 곳에 따라 느낌이 정말 달라.

영서: 여기에 깡충거미가 또 있어요. 이 거미도 모래랑 비슷한 색이에요. 가만히 있으면 진짜 모르겠어요. 와, 엄청 빠르다. 모래밭에서 시합하면 우사인 볼트라도

모래에 난 발자국

표범장지뱀

별늑대거미로 보인다.

사구늑대거미

해안늑대거미

살깃깡충거미 암컷

이 거미를 못 이길 거 같아요!

새벽들: 해안깡충거미 같은데 확실히는 모르겠다.

영서: 모래밭에서 깡충깡충 뛰어다니니까 더 귀엽다.

진욱: 거미그물도 있어요. 어느 거미가 만든 거예요?

새벽들: 여기를 살짝 건드리면 거미가 나올 거야. 한번 해 볼까? 거미가 안 다치게 조심조심.

진욱: 거미가 나오고 있어요. 전에 본 것 같은데 이름이 기억 안 나요.

새벽들: 기생왕거미구나. 기생왕거미는 바닷가의 습지에도 살지만, 우리 동네에도 살고 강가의 다리에도 살고 저수지 같은 데도 살아. 기생은 예쁘다는 뜻이야. 곱게 꾸민 것처럼 보이지?

진욱: 네, 예뻐요.

영서: 여기 있는 게 알주머니 같기는 한데, 거미가 이렇게 잔뜩 붙여 놨나요? 여기저기 많아요.

기생왕거미의 은신처

해안깡충거미

새벽들: 거미 알주머니가 맞구나. 자세히 보렴. 부드러운 거미줄로 알을 감쌌지? 얼마나 정성스럽게 만들었는지 한눈에 봐도 알겠네.

영서: 어느 거미가 만든 거예요?

새벽들: 섬먼지거미가 만들어 놓은 거야. 섬먼지거미는 바닷가에 사는데 알주머니 모양이 독특하기로 유명해.

영서: 생김새도 독특해요. 배 끝이 오목해요.

새벽들: 이쪽으로 올라가 보자. 오늘은 특별히 주홍거미를 찾아볼 거야. 우리나라에서 가장 아름답다고 소문이 난 거미란다. 저기 안내판이 보이는 데서 시작해 보자.

진욱: 와, 여기는 진짜 사막 같아요. 우리나라에 이런 곳이 있다니 정말 신기해요.

새벽들: 그렇지? 우리는 거미를 찾아 사막까지 온 거라고. 하하하.

영서: 이런 데서 주홍거미를 찾을 수 있을까요? 모래밭에 숨으면 절대 못 찾을 텐데요.

새벽들: 굴을 파고 살기 때문에 더 눈에 안 띄지. 게다가 수컷은 주홍색이지만 암컷은 검은색이거든. 눈에 불을 켜고 찾아야 할 거야.

진욱: 흠, 제가 이미 찾은 것 같아요. 이를 어쩌죠?

영서: 어디, 어디?

진욱: 이 나무 아래로 들어가 버렸어.

영서: 주홍거미면 좋겠다.

진욱: 맞을 거야. 몸은 주홍색인데 검은색 무늬가 있어. 아저씨, 꼭 단추가 달려 있는 것 같아요.

새벽들: 오, 주홍거미로구나. 아름답다고 소문이 날 만하네. 보기 힘든 거미인데. 다 진욱이 덕분이야. 고마워. 하하하.

수컷도 어릴 때는 검은색인데 마지막으로 탈피

기생왕거미

섬먼지거미의 알주머니

섬먼지거미

신두리 해안사구는 천연기념물로 지정된 바닷가의 모래 언덕이다.

를 하고 나면 주홍색이 된다고 알려져 있지.

영서: 이 거미가 그렇게 보기 힘들어요?

새벽들: 응. 우리나라에 널리 퍼져 살긴 하지만 숫자가 적나 봐. 산이나 바닷가의 건조한 곳에서도 살고 이런 해안 사구에도 굴을 파고 산대. 다 자란 수컷이 사는 곳은 아직 몰라. 수컷은 암컷처럼 굴을 파지 않고 여기저기를 돌아다니면서 산다는구나. 그래서 알려진 것이 거의 없어.

진욱: 그럼 굴을 파고 사는 건 암컷이에요?

새벽들: 응. 암컷은 특이한 모양으로 그물을 만들지. 'ㅜ' 모양의 튜브 같은 그물인데, 땅 위에 보이는 건 윗부분 'ㅡ'이고 땅속에는 아랫부분 'ㅣ'이 묻혀 있어. 땅속에 있는 그물은 땅거미들이 만드는 전대 그물처럼 생겼지. 땅 위에 있는 그물은 양쪽에 입구가 뚫려 있어. 끈끈한 그물이라서 먹이를 잡는 데 써. 땅 위의 그물 한쪽에 먹이 찌꺼기들을 모아 두기도 해. 땅속에 있는 그물은 주홍거미가 사는 곳이야. 주홍거미 암컷은 알주머니를 지키다가 새끼들이 깨어 나면 자기 몸을 먹이로 내어 준다는구나.

바닷가에서 자라는 순비기나무

주홍거미

영서: 노랑염낭거미들처럼요?

새벽들: 그렇지. 주홍거미는 어렸을 때는 모여서 산다고 해. 개미들처럼 완전하게 협동하는 건 아닌데, 먹이도 같이 먹고 사냥도 힘을 합쳐서 한대. 다 자라면 수컷은 암컷을 찾아 돌아다녀. 암컷을 만나면 짝짓기를 하고 같이 한 그물에서 살지.

진욱: 주홍거미는 다른 나라에도 살아요?

새벽들: 우리나라와 중국, 유럽에 사는데 일본에는 없다나 봐. 유럽에서는 이 거미를 국가에서 보호한대. 우리나라는 아직 연구가 덜 되어서 얼마나 사는지, 어떻게 사는지 아직 잘 모른단다.

영서: 그러면 여기에서 거미를 연구하면 되잖아요.

새벽들: 이곳도 공사를 하면서 많이 변하고 있어. 안타깝게도 거미의 앞날이 밝아 보이지 않구나.

진욱: 거미도 살고 사람들도 살고, 그런 방법을 찾았으면 좋겠어요.

새벽들: 거미도 살고 사람도 살고……. 그 말이 정답이네. 또 한 가지 안타까운 점은 이곳을 잘 보살피고 돌보지 못한다는 거야. 사람들이 너무 많이 찾아오니까 거미를 비롯해서 많은 생물들이 힘들어하지. 사람들이 오는 건 좋은데 미끄럼을 탄다든가, 지나치게 장난을 치는 행동은 하지 말아야 하거든.

영서: 우리도 조심스럽게 다녀요.

진욱: 거미랑 친구가 되고 싶으면 거미 편에서 생각할 줄도 알아야겠어요.

영서: 그런데 아저씨, 아저씨를 만난 첫날부터 궁금했는데요. 아저씨는 왜 그렇게 거미가 좋아요?

새벽들: 이런! 내가 먼저 하고 싶었던 질문인데. 너희가 먼저 대답해 주면 좋겠다. 너희는 왜 거미가 좋아?

영서: 사실 전 거미가 그렇게 좋지는 않았어요. 곤충은 좋아하는데……. 하지만 아저씨랑 지난 7일 동안 거미 관찰 여행을 다니면서 거미가 좋아졌어요. 집에서 키워 보고 싶을 만큼 아주 많이요. 예전에는 거미를 잘 몰라서 별로 좋아하지 않았어요. 몰라서 그냥 무서워하고 싫어했던 거죠. 그런데 이번에 거미를 진짜 많이 봤잖아요. 그물이랑 알주머니도 보고. 거미가 어떻게 사는지도 알고 나니까 거미가 좋아졌어요. 거미가 거미줄을 쏠 때가 제일 멋있어요.

진욱: 저도 처음에는 얘처럼 곤충이 더 좋았어요. 장수풍뎅이랑 사슴벌레도 키워 봤거든요. 그런데 어느 날 아빠랑 산에 갔는데 거미를 봤어요. 그 거미가 깡충거미였거든요. 되게 귀엽고 예뻤어요. 그러고 나서 거미에 대한 책을 보고 인터넷 동호회에도 가입하고 거미도 키웠죠. 전 거미가 진짜 좋아요. 이다음에 거미를 연구하는 박사가 될 거예요.

새벽들: 나도 너희와 똑같았어. 내가 비록 산적처럼 생겼지만 도시에서 태어나고 도시에서 자란 도시 사람이야. 거미뿐 아니라 자연을 접할 기회가 거의 없었지. 그러다가 산자락에 둘러싸인 마을로 이사하면서 자연을 가까이 하게 되었어. 꽃과 나무가 많으니까 곤충이 날아들고. 사진 찍는 걸 좋아해서 카메라를 들고 열심히 이 산 저 산 돌아다니면서 꽃이랑 곤충이랑 새랑 거미까지 찍었단다. 그러면서 거미를 자꾸 보다가 짝사랑에 빠진 거지, 하하하.

영서: 어떤 거미랑요?

새벽들: 모두 다. 다 그냥 좋아. 좋아하는 데는 이유가 없잖니? 꽃도 나무도 곤충도 그리고 거미도. 그냥 좋아, 하하하.

진욱: 아유, 좀 시시해요.

새벽들: 내가 어릴 적에는 이 세상의 모든 것을 알고 싶다는 꿈이 있었어. 그러다가 나와 같은 꿈을 꾸는 친구들을 사귀게 됐단다. 그런데 서로 방법이

생태복원 사업 공사를 하고 있는
신두리 해안 사구

달랐어. 한 친구는 세상을 알고 싶으면 끊임없이 물어야 한다고 생각했고, 다른 친구는 세상을 알려면 먼저 느껴야 한다고 생각했지. 그리고 또 한 친구는 그냥 있는 그대로 열심히 살아야 한다고 생각했단다. 있는 그대로 살다 보면 세상을 설명할 수 있다는 거지.

진욱: 어려워요. 묻고? 느끼고? 설명하고? 이게 무슨 말이에요?

새벽들: 사실은 나도 잘 몰라. 묻고, 느끼고, 설명하고, 하하하.

영서: 저는 아저씨가 묻는 사람일 것 같아요. 물음표 같은 사람?

새벽들: 오, 어떻게 알았지? 7일 동안 거미보다 나를 더 잘 관찰했구나. 맞아. 나는 물음표(?)고 또 한 친구는 느낌표(!)고 나머지 한 친구는 콜론(:) 같았지. 이 세 친구는 자라서 어른이 되었어. 느낌표 친구는 사회복지사가 되어서 고통 받는 이웃들과 살고 있고, 콜론 친구는 목사가 되었지. 그리고 물음표는 아직도 산과 들과 바다를 돌아다니면서 묻고 묻고 또 묻고 있단다, 하하하.

진욱: 잘은 모르겠지만 아저씨가 '자연은 감동하는 사람의 것이다'라고 한 말을 조금 알 것도 같아요. 아저씨처럼 오버맨이 된다면 더 잘 알겠죠? 헤헤.

새벽들: 묻고 또 묻고 하다 보면 언젠가 세상의 비밀을 풀 수 있게 되겠지? 어째 좀 심각해진 것 같다. 나는 그냥 거미가 좋아. 사람이 사람을 좋아하는 것에 이유가 없듯이 거미를 좋아하는 것에도 이유가 없단다. 자꾸 이유를 따지는 건 진짜 좋아하는 게 아니야. 아저씨는 그냥 거미가 좋아, 하하하.

영서: 저도요.

새벽들: 벌써 해가 지고 있네. 나하고 저기까지 달리기 시합할 사람! 자, 하나 둘 셋! 출발! 와, 신난다. 난 거미가 좋다, 하하하!

영서: 아저씨, 먼저 가면 어떡해요? 아직 뛸 준비가 안 됐다고요!

진욱: 같이 가요, 아저씨!

나가는 글
7일 동안의 거미 관찰 여행을 마치고

이 글은 아저씨가 써야 하는데 저보고 쓰라네요. 그게 더 좋다고 하는데 솔직히 약간 떨려요. 그래도 마무리는 지어야겠죠?

신두리 바닷가에서 아저씨가 막 혼자 뛰어갈 때 우린 깜짝 놀랐어요. 아저씨가 바다로 들어가는 줄 알았거든요. 그때 아저씨가 우리에게 큰 소리로 말했어요. 아저씨와 함께 하는 거미 관찰 여행은 오늘이 마지막이라고요. 그러면서 아주 크게 웃었어요. 이제부터 거미 관찰 여행은 저희 둘에서 다니라고, 힘들면 자연을 사랑하는 친구들과 같이 다니라고 했어요. 그리고는 우리에게 다음 거미 관찰 여행 이야기는 우리들이 직접 쓰라는 숙제도 내주었어요. 산으로 들로 바다로 다니면서 거미들을 만나고 키워도 보고. 그리고 진짜로 거미를 사랑하게 되면 그때 거미 이야기를 써 보라고요.

아저씨와 함께 다닌 7일 동안 거미 관찰 여행은 조금 힘들었지만 아주 신나는 여행이었어요. 거미가 어떤 생물인지, 어디에서 살고 어떤 먹이를 먹고 그리고 어떻게 알을 낳고 또 어떻게 알주머니를 돌보는지, 거미에 대해 아주 많이 알게 되었거든요. 그리고 아주아주 많이 좋아하게 됐어요.

거미들은 모두 개성만점이에요. 먹닷거미 같은 잠수 선수도 있고, 호랑거미나 무당거미처럼 색깔이 화려한 거미도 있고, 깡충거미들처럼 아주 작고 귀여운 거미도 있고, 또 접시거미들처럼 신기한 거미 그물을 만드는 거미도 있고, 땅거미처럼 멋진 굴을 파고 사는 거미도 있고 그리고 주홍거미처럼 아주 예쁜 거미도 있으니까요.

아저씨처럼 저도 거미가 그냥 좋아요. 이제부턴 진욱이랑 둘에서 거미 관찰 여행을 할 거예요. 그리고 아저씨 말처럼 거미를 더 많이 좋아하게 되면 그때 우리가 본 거미 이야기를 써 볼 거예요. 예전에는 거미를 보면 도망쳤는데 이제는 거미를 보면 "야호, 거미다!" 하고 달려가게 돼요. 거미가 우리 곁에 함께 살아서 정말 좋아요.

거미 이름으로 찾아보기

글에서 찾아보기는 검은색, 사진에서 찾아보기는 초록색으로 구분했습니다. 본문에서 여러 번 나오는 거미는 자세한 생태 정보가 나오는 쪽수로, 사진이 여러 장인 거미는 몸의 형태가 잘 보이는 사진이 실린 쪽수를 적었습니다.

ㄱ

가는줄닷거미 69 69
가시거미 114
가시다리거미 89
각시꽃게거미 44 45
각시꽃왕거미 118
각시어리왕거미 108 109
각시염낭거미 80
갈새우게거미 50
갈퀴혹어리염낭거미 80
거문육눈이유령거미 16 17
검은과부거미 78 78
검은날개무늬깡충거미 16, 57
검은머리번개깡충거미 59
검정가죽거미 99 100
검정접시거미 103
고려꽃왕거미 117 117
고무래접시거미 103
고운땅거미 106 107
골목왕거미 114 114
곰보꽃게거미 48
공주거미 16 17
관악유령거미 14 15
광교유령거미 14 15
광릉논늑대거미 40 43
금빛백금거미 88
금새우게거미 50
기생왕거미 141 22, 118, 142
긴어리염낭거미 80
긴호랑거미 82 83, 135
꼬리거미 120 121
꼬마백금거미 88
꼬마호랑거미 80 82
꽃게거미 46 46

ㄴ

나무결새우게거미 50
나무껍질게거미 48
낯표스라소니거미 61 61
너구리거미 97 98
넉점꼬마거미 25
넓은잎꼬마거미 24
넓적니거미 95 96
넷혹꼬마거미 25
노랑무늬왕거미 118
노랑염낭거미 78 78
논늑대거미 40 43
농발거미 129 131
농발접시거미 102 103

ㄷ

다섯점마른깡충거미 59
당늑대거미 39 41
닻표늪서성거미 63 64
대륙게거미 49
대륙납거미 19 20
대륙유령거미 13 13
두더지거미 98 99
들늑대거미 40 42
들풀거미 34 35
땅늑대거미 39 39

ㅁ

말꼬마거미 20 21
먹닷거미 71 71
멋쟁이눈깡충거미 52 52
모산굴뚝거미 93 93
묘향깡충거미 58

무당거미 26 26
물거미 132 133
민마름모거미 25
민자얼룩가게거미 90 91

ㅂ

반달꼬마거미 24
배띠깡충거미 56
백금갈거미 88
백운비탈가게거미 93 94
별거북이등거미 130 131
별늑대거미 37 38
별연두꼬마거미 25
병무늬시내거미 89
부리꽃왕거미 118
부리염낭거미 80
부용수리거미 96
북방게거미 48
북방새우게거미 50
북왕거미 119
분스라소니거미 61 61
불개미거미 53 53
불짜게거미 47 49
비늘갈거미 88
뿔왕거미 114

ㅅ

사구늑대거미 140 141
사마귀게거미 47, 48
사층깡충거미 51 52
산길깡충거미 52 52
산왕거미 115 115
살깃깡충거미 58
살깃염낭거미 80

살깃자갈거미 128　128
살별꼬마거미 25
삼문참매거미 96
석어리왕거미 119
석줄톱니매거미 96
섬먼지거미 142　142
셋혹먼지거미 86　86
손짓거미 119　119
수검은깡충거미 59
십자접시거미 103
쌍줄접시거미 102　102
쌍코뿔애접시거미 102　103

ㅇ

아기늪서성거미 63　64
아기스라소니거미 60　60
아롱가죽거미 98　99
아시아염라거미 96
안경늑대거미 40　41
안경무늬시내거미 88
애풀거미 34　35
앵도애접시거미 103
양산적늑대거미 40　42
어깨왕거미 115
어리개미거미 58
어리수검은깡충거미 59
어리집왕거미 118
언청이범게거미 49
얼룩무늬꼬마거미 24
엑스깡충거미 56
여덟점꼬마거미 24
여덟혹먼지거미 86　86
여섯혹먼지거미 86　86
여우깡충거미 59
연두어리왕거미 116　116
오각게거미 49
왕깡충거미 57
왕백금거미 88
왕어리두줄깡충거미 56
외줄거미 101　101
외줄솔개거미 96
유럽응달거미 119　120
이끼꼬마거미 24

일본늑대거미 40　41
일본창게거미 50　51
잎거미 89　89

ㅈ

작살가랑잎꼬마거미 24
장수갈거미 87　87
적갈논늑대거미 40　41
적갈어리왕거미 111　111, 127
점박이꼬마거미 25
정선거미 69　70
제주늑대거미 38　39
족제비거미 98　98
좀늑대거미 42　43
종꼬마거미 124　124
주홍거미 142　143
주홍더부살이거미 25
줄닷거미 73　74
줄무늬햇님깡충거미 56
줄연두게거미 49
중국연두게거미 48
중국창게거미 50　51
지리닷거미 73　74
지이어리왕거미 117
집유령거미 14　15

ㅊ

참범게거미 48
청띠깡충거미 57
초승달깡충거미 58
촌티늑대거미 40　41

ㅋ

큰새똥거미 124　124
큰줄무늬깡충거미 56
큰해방거미 62　62

ㅌ

털보깡충거미 57
테두리접시거미 102　102

톱수리거미 28, 96

ㅎ

한국거북이등거미 131
한국깔때기거미 36　22, 36
한국땅거미 104　106
한국염낭거미 28, 80
한국창게거미 50　51
해안깡충거미 141　141
해안늑대거미 140　141
호랑거미 82　82
화살거북이등거미 131
황갈애접시거미 103
황금새우게거미 50
황닷거미 63　67
황산적늑대거미 40　42
흰눈썹깡충거미 58
흰무늬늑대거미 40　41
흰새우게거미 50
흰줄무늬깡충거미 56
흰털논늑대거미 40　41

과에 따라 분류하기

땅거미과
고운땅거미
한국땅거미

공주거미과
공주거미

유령거미과
거문육눈이유령거미
관악유령거미
광교유령거미
집유령거미

가죽거미과
검정가죽거미
아롱가죽거미

티끌거미과
대륙납거미

주홍거미과
주홍거미

해방거미과
큰해방거미

잎거미과
두더지거미
잎거미

밭고랑거미과
족제비거미

수리거미과
넓적니거미
부용수리거미
삼문참매거미
석줄톱니매거미
아시아염라거미
외줄솔개거미
톱수리거미

미투기거미과
갈퀴혹어리염낭거미
긴어리염낭거미

염낭거미과
각시염낭거미
노랑염낭거미
부리염낭거미
살깃염낭거미
한국염낭거미

깡충거미과
검은날개무늬깡충거미
검은머리번개깡충거미
다섯점마른깡충거미
멋쟁이눈깡충거미
묘향깡충거미
배띠깡충거미
불개미거미
사층깡충거미
산길깡충거미
살깃깡충거미
수검은깡충거미
어리개미거미
어리수검은깡충거미
엑스깡충거미
여우깡충거미
왕깡충거미
왕어리두줄깡충거미
줄무늬햇님깡충거미
청띠깡충거미
초승달깡충거미
큰줄무늬깡충거미
털보깡충거미
해안깡충거미
흰눈썹깡충거미
흰줄무늬깡충거미

게거미과
각시꽃게거미
곰보꽃게거미

꽃게거미
나무껍질게거미
대륙게거미
북방게거미
불짜게거미
사마귀게거미
언청이범게거미
오각게거미
줄연두게거미
중국연두게거미
참범게거미

새우게거미과
갈새우게거미
금새우게거미
나무결새우게거미
북방새우게거미
일본창게거미
중국창게거미
한국창게거미
황금새우게거미
흰새우게거미

자갈거미과
살깃자갈거미

정선거미과
정선거미

너구리거미과
너구리거미

닷거미과
가는줄닷거미
닻표늪서성거미
먹닷거미
아기늪서성거미
줄닷거미
지리닷거미
황닷거미

늑대거미과
광릉논늑대거미
논늑대거미
당늑대거미
들늑대거미
땅늑대거미
별늑대거미
사구늑대거미
안경늑대거미
양산적늑대거미
적갈논늑대거미
제주늑대거미
좀늑대거미
일본늑대거미
촌티늑대거미
해안늑대거미
황산적늑대거미
흰무늬늑대거미
흰털논늑대거미

스라소니거미과
낯표스라소니거미
분스라소니거미
아기스라소니거미

농발거미과
농발거미
별거북이등거미
한국거북이등거미
화살거북이등거미

가게거미과
들풀거미
민자얼룩가게거미
백운비탈가게거미
애풀거미
한국깔때기거미

굴뚝거미과
모산굴뚝거미
물거미

외줄거미과
외줄거미

응달거미과
손짓거미
유럽응달거미

왕거미과
가시거미
각시꽃왕거미
각시어리왕거미
고려꽃왕거미
골목왕거미
기생왕거미
긴호랑거미
꼬마호랑거미
노랑무늬왕거미
부리꽃왕거미
북왕거미
뿔왕거미
산왕거미
석어리왕거미
섬먼지거미
셋혹먼지거미
어깨왕거미
어리집왕거미
여덟혹먼지거미
여섯혹먼지거미
연두어리왕거미
적갈어리왕거미
지이어리왕거미
큰새똥거미
호랑거미

접시거미과
검정접시거미
고무래접시거미
농발접시거미
십자접시거미
쌍줄접시거미
쌍코뿔애접시거미
앵도애접시거미
테두리접시거미
황갈애접시거미

꼬마거미과
꼬리거미
넉점꼬마거미
넓은잎꼬마거미
넷혹꼬마거미
말꼬마거미
민마름모거미
반달꼬마거미
별연두꼬마거미
살별꼬마거미
삼각점연두꼬마거미
얼룩무늬꼬마거미
여덟점꼬마거미
이끼꼬마거미
작살가랑잎꼬마거미
점박이꼬마거미
종꼬마거미
주홍더부살이거미

갈거미과
가시다리거미
금빛백금거미
꼬마백금거미
백금갈거미
병무늬시내거미
비늘갈거미
안경무늬시내거미
왕백금거미
장수갈거미

무당거미과
무당거미

참고한 자료

책

《거미 생물학》 김주필, 바이오사이언스, 2009
《거미 얘기는 해도해도 끝이 없어》 김순한, 우리교육, 2006
《거미박사 김주필의 거미 이야기》 김주필, 쿠키, 2006
《거미 생태 도감》 공상호, 자연과생태, 2013
《거미야 놀자》 김주필·박병주, 써네스트, 2012
《거미의 세계》 임문순·김승태, 다락원, 1999
《거미줄의 연구》 김주필, 한국거미연구소, 1996
《실 잣는 사냥꾼 거미》 이영보, 자연과생태, 2012
《열려라! 거미나라》 임문순·김승태, 지성사, 2000
《원색 한국거미도감》 김주필, 아카데미서적, 2002
《유용거미류》 김주필, 한국생명공학연구원, 2003
《주머니 속 거미 도감》 이영보, 황소걸음, 2008
《한국거미 제26권 제2호》 한국거미연구소, 주필거미박물관
《한국거미 생태도감》 임문순·김승태, 건국대학교출판부, 2000
《한국동식물도감 제21권 동물편(거미류)》 백갑용, 문교부, 1978
《한국의 거미》 남궁준, 교학사, 2001
《한국의 거미》 임문순, 지구문화사, 1996
《한국의 고유거미》 임문순, 지구문화사, 1997

논문

〈한국산 거미목 목록〉 김병우·김주필, 2010
〈한국산 거미의 총목록〉 김주필, 예성훈, 이준기, 이준호(2015)

사이트

거미 나라 http://cafe.naver.com/spiderworld
국가 자연사 연구 종합 정보 시스템 www.naris.go.kr
두산 백과사전 두피디아 www.doopedia.co.kr
한국 거미 동물원 http://cafe.naver.com/domesticspider
한국 거미 연구회 http://cafe.naver.com/arachnorma
한반도 생물자원 포털 www.nibr.go.kr/species